没有人不喜欢里约热内卢。
睁开眼，你就能看到蓝天碧海上的面包山，
夜晚的科科瓦多山上，
张开双臂的基督像像一盏明灯，
指引着这个城市醒着的人们。

/ PIC 02—03 /

当我坐着好几层厚防弹玻璃的警车前往圣保罗郊区的时候，
阳光、海滩都是理想，贫民窟才是现实。

亚马逊雨林里的印第安原始部落

/ PIC 06—07 /

贫民窟的孩子们

我终于在年轻时候
走过了三毛走过的万水千山，
终于在南美这么遥远的地方，
感受到一场时空穿越，
终于体会了她呐喊的那句名言：
"远方有多远，请你告诉我。"

/ PIC 10—11 /

他们是真的一铲一铲，
在泥地里，挖着黄金，寻找那条通往黄金的路。

直到我们来到这个仿佛远古时期的冰川，
站在这千年寒冰的面前，
才发觉那些焦虑是多么渺小。

/ PIC 14—15 /

在拉美工作的三年，
让我更加热爱这个世界

做没做过的事
爱没爱过的人

孙晴悦 ◎ 著

北京联合出版公司
Beijing United Publishing Co.,Ltd.

图书在版编目（CIP）数据

做没做过的事，爱没爱过的人 / 孙晴悦著 . — 北京：
北京联合出版公司，2016.6（2017.10 重印）

ISBN 978-7-5502-8124-0

Ⅰ . ①做… Ⅱ . ①孙… Ⅲ . ①随笔–作品集–中国–
当代 Ⅳ . ① I267.1

中国版本图书馆 CIP 数据核字 (2016) 第 152951 号

做没做过的事，爱没爱过的人

作　　者：孙晴悦
责任编辑：宋延涛
选题策划：象泽文化
产品经理：南　北
特约编辑：木　木
封面设计：仙　境
内文设计：@_ 叁囍

- -

北京联合出版公司出版
（北京市西城区德外大街 83 号楼 9 层　100088）
小森印刷（北京）有限公司　新华书店经销
字数：209 千字　　880mm×1230mm　　1/32　　印张：9.25
2016 年 8 月第 1 版　2017 年 10 月第 3 次印刷
ISBN 978-7-5502-8124-0
定价：39.00 元

- -

目 录
CONTENTS

前　言

　　二十几岁的姑娘意识到自己是二十几岁的时候，往往这美好的十年已经或者将要过去一半。和这个世界上所有的事情一样，当二十几岁的姑娘意识到二十几岁无限美好且短暂时，都是快要失去的时候。

　　十几岁的小女孩们盼望着长到二十几岁，盼望着自己再长大一些，就可以没有那么多作业要写，就可以名正言顺地涂上红嘴唇，穿上高跟鞋，从一群二十几岁的男生中间轻盈地走过，暗暗地计算着回头率。因为十几岁的姑娘看不上和自己一样大的男生，想着再长大一点，就可以和那些二十几岁的姐姐们一样谈恋爱。

　　而三十几岁的姑娘，虽然有着家庭、事业和美貌，但这些看上去的人生赢家们，却大多最怀念二十几岁的时光。如果时光能够倒流，她们愿意拿现在的一切去换那二十几岁姑娘脸上千金难买的汗水。

　　那么，那些二十几岁的姑娘们呢？她们被各个年龄段的姑娘们羡慕着、期盼着、怀念着，按理说应该在最好的年华过着最曼妙的生活。然而，真相却是，二十几岁的姑娘，她们往往比哪个年龄段的姑娘都要焦虑，甚至每时每刻都在焦虑，她们害怕时间溜走、害怕一事无成、害怕一睁眼已经是三十岁，工作、男朋友还有她们那些不切合实际的理想，没有一项令人满意。

而我就是这个二十几岁焦虑症候群的一员。

2010年，我从中国传媒大学毕业，进入央视工作。我不知道在央视，是不是只有出名才算成功，或者无论这个世界上的任何行业是不是一定要走到那个金字塔的塔尖才能被认可。这一年，我22岁。身边的人分为两拨。

一拨说："央视多好啊，女生嘛，稳稳定定，这么体面的工作，赶紧利用这么体面的工作，找个好老公，结婚生孩子。"

另一拨说："哇，去了央视啊，什么时候能在电视上看见你，央视大主播啊！"

无论哪种声音，在22岁的我听来，都非常绝望。虽然成为央视主播从来都不是我的梦想，但是央视这份工作对于一个刚毕业，尚且有一些理想的女生来说，怎么也不会是一个嫁人的工具。其实我们身边有太多这样的声音。考公务员多好；去事业单位多轻松；女生还是当老师好，有寒暑假，工作稳定可以照顾家庭。毕业的第一年，我从来没有想过，现实是如此残酷，工作对于女生来说，竟也可以是一个嫁人的工具，甚至很大程度上说就是一个嫁人的工具。

而第二种声音，同样让我窒息。一部分人认为去了央视，就能变成主播。这个逻辑但凡稍加思考就会发觉是有多么可笑。央视大楼有一万多名员工，但是只有主播或者出镜记者才能被认可。好像在这个大楼里，只有出名才能赢。22岁的我，在亲戚朋友"什么时候能变成大主播"的问候下，在这栋大楼里找不到方向。

无论在哪个行业，年轻人都朝着同一个目标向前跑，可是工作两三年后才发现不是所有人都能到达行业那个最高的位置，那么除了迷茫地在人群里前行，二十几岁的人生还有多少可能性？生活除了直线上升以外，能不能走出一条更丰富的道路？我在这样无尽的焦虑中，任二十几岁的数值一点点上涨。

我不知道你们的二十几岁是不是和我一样。

我们并没有太多的时间，在这个最曼妙的年纪，我们要找到自己喜欢的工作方向，要追寻理想，还想要去远方，看看这个世界。《私奔》里唱，"我梦寐以求，那是真爱和自由"。但是同时，也要满足这个社会对我们的期望，我们要结婚生子，要成为贤妻良母，要相夫教子。这个社会给二十几岁姑娘的标签太多，而我们就奔跑在这条道路上，什么都想要。

两年以后，这些焦虑依然存在，并不是因为有一份安稳的、"听上去"很好的工作，有一个从大学走到工作的稳定男友，这些焦虑就消失了。在自我满足和社会认可标准里，找不到两全的办法。

24岁的时候，我有机会去遥远的拉丁美洲，做一名驻外记者。很多人说我这么做代价太大。敢不敢出发，敢不敢放弃国内"听上去很好"的安稳，敢不敢去那么遥远的大陆，敢不敢冒着失恋的风险，敢不敢拿女生最美的三年去换一个未知的未来？我在各种权衡以及焦虑中，发现这个世界以及时间，对女生来说都太残酷了。

后来，我坐着防弹车去贫民窟，独自住在亚马逊雨林深处的木屋里，在一场盛大的狂欢节里痛哭，在牙买加混着酒精和荷尔蒙的雷鬼乐里对自己说生日快乐。那些美妙的时刻，如同里约热内卢升腾而起的烟火一样，照亮了我的二十几岁。在这一路上，遇到了很多人，也遇到了很多二十几岁的姑娘，听到了很多故事。关于远方、自由、爱情、工作、旅行还有世界的故事。

三年，巴西、阿根廷、秘鲁、厄瓜多尔、牙买加、哥斯达黎加、委内瑞拉、古巴、智利、巴拿马甚至是苏里南，我走过了一张拉丁美洲的地图，那些关于二十几岁姑娘的焦虑，渐渐忘记。

关于别人口中央视的两大价值，无论是利用这个"听上去很好"的工作嫁个好老公，还是要变成央视大主播，都变成了最最不重要的事。因为，走过了这片离中国最遥远的大陆，才发现，那个金字塔的塔尖并不是唯一的方向，塔尖以外其实有一个更大、更远、更迷人的世界等着我们。拉丁美洲很远，但是二十几岁关于未来的可能性，北京没有。

如果你现在或者曾经，也和我一样，焦虑着那些二十几岁姑娘焦虑的事。如果你也犹豫要不要安于现状，如果你也纠结是要爱情还是理想，如果你也对被设定好的结婚生子的时间表感到迷茫，那么你可以翻开这本书，听我讲一个拉丁美洲的故事，一个关于二十几岁姑娘的可能性的故事。

>>>

—————

没有人不喜欢里约热内卢
睁开眼
你就能看到蓝天碧海上的面包山
夜晚的科科瓦多山上
张开双臂的基督像像一盏明灯
指引着这个城市醒着的人们

PART - 01

Rio
de
Janeiro

上帝用六天创造地球，
第七天创造了里约热内卢

1 但是，我不想死

>

孩子们手里握着的风筝线，
一头连着贫民窟贫穷危险的生活，
另一头则连着属于童年的彩色梦想。

"小时候和我一起玩耍的小伙伴都死了。"

"毒贩。他们之间的枪战。"

"还有警察，有时候警察来这里，他们和毒贩火拼，我的邻居就死在警察的枪口下。"

"可是——

我不想死。"

小佩德罗歪坐在砖砌到一半的矮墙上，坐一小会儿站起来，裤子上就蹭上矮墙上的砖红色。这里几乎所有的房子都是红色板砖直接和着水泥堆砌而成，外表露出红色砖头本身的颜色，没有用任何多余的白色墙粉装饰，远远望去还以为是没有建造完毕的房屋。由于房屋都建造在山上，所以看上去像是一座正在修建的大山工地，但走近了才发现，这山上整片整片的简易房屋都是这样。小佩德罗，还有他的爸妈就出生在这样的砖瓦房里。

这里就是巴西最大的贫民窟罗西尼亚。

"就是在这里。"小佩德罗低头看着前面黑暗狭窄的上山台阶，突然背过脸去，不愿再往前走。前面是狭窄的石子路，由大小不一的石子铺成高低不平的台阶。小佩德罗说，有一天听到很多声枪响，他在屋子里不敢出去，但是就在两分钟前邻居家的小男孩下去卖口香糖了，走之前还问他去不去。

后来他看到的就是，在这条石子台阶上，邻居家的小男孩倒在血泊里，还有撒了一地的口香糖。这是前一天晚上他们新拆封的一盒，他们还用卖口香糖的钱买了一罐可乐分着喝，来庆祝这个月多卖出的那几盒，他们还算着，还要卖掉多少盒，才够合买一个足球。

他已经记不清这是第几个小伙伴死了，只是邻居家的小男孩和他一起卖口香糖，他们每天都在一起。因为一次懒惰没出门，却救了小佩德罗一条命。他并没有庆幸自己逃过了一劫，因为这在他看来司空见惯。他爸爸贩毒被抓，现在仍在监狱里，他妈妈生下他以后就逃出了贫民窟，他哥哥在一次警匪火拼中身亡。

在巴西有一个著名的说法，上帝用六天创造地球，第七天创造了里约热内卢。高耸入云的耶稣像张开双臂，拥抱着整个里约热内卢，科帕卡巴纳海滩上比基尼女郎扭着曼妙的身姿，面包山上的缆车一刻不停地运送着来自世界各地的游客，他们感慨着天公造物的神奇，享受着这个城市的阳光、海滩，呼吸着这个热带城市特有的潮湿的空气。而这个全世界有钱人聚集的城市里约热内卢，还分布着1000多个贫民窟，整片整片覆盖在山上，分布在市中心和郊外。这个城市有600多万人口，却有三分之一都住在贫民窟里。小佩德罗只是这庞大数字中渺小普通的一个。

他借住在姑姑家，潮湿矮小的屋子里，只有一扇年久失修已经打不开的窗户。我们就是走到这条岔路口，不知道该往哪里上去才能找到那片传说中的足球场，想要找人问一问路，看见了趴在窗户上往外看的小佩德罗。黝黑的皮肤，邋遢的汗衫短裤，一双掉了一根带子的人字拖，他费力地拖着这双坏了的人字拖跑出来，问我们要不要买口香糖。

罗西尼亚里住着很多很多孩子，大部分都是单亲孩子，很多甚至都不知道父亲是谁。他们彼此陪伴，一起卖口香糖，一起踢球，一起放风筝。罗西尼亚的天空能看到很多方形的简易风筝，这是贫民窟里除了足球之外，最受欢迎的玩具。所谓的风筝，就是一个方块彩色的纸片，连着一根棉线。傍晚的时候，如果你从这个城市的上空俯瞰罗西尼亚，灰色暗沉的贫民窟上空，飞扬着无数五彩缤纷的纸片，像是漆黑一片的夜空被水彩笔画上的彩色云朵。孩子们手里握着的风筝线，一头连着贫民窟贫穷危险的生活，另一头则连着属于童年的彩色梦想。

罗西尼亚作为巴西最大的贫民窟，对于生活在里面的人来说也不算安全，里面只有一条盘山的主路可以上山，所谓的"主路"也不过是勉强可以开一辆车。主路往上走，有许许多多的分岔路口，每一个分岔路口都连接着一片棚户区。大部分住在罗西尼亚的居民并不知道毒贩藏匿在哪一条巷子里，因为他们经常四处逃窜。进到贫民窟，保命的办法就是尽量沿着主路活动，千万不要偏离。连片的贫民窟像是一个巨大的迷宫，一旦偏离了主路，就很有可能再也走不出来。小佩德罗说这里很大很大，他只去过家里附近的一些地方。狭小的居住空间，狭小的生活空间，四处埋藏的危机，不知道什么时候枪声就会响起。小佩德罗说，他只知道枪声响起的时候，千万不能出门，一定要躲在家里，躲在家里唯一一张大桌子下面。

小佩德罗对我说："可是，我不想死。"

他要等爸爸从监狱回来，只要爸爸回来了，生活就会好起来。他说他们可以一起去外面打工，可以去学修车、修电视机，总有可以赚钱的工作。但是不要贩毒，因为"我的小伙伴们都死了"。

这是我来到巴西之后，采访的第一个故事。

而那天，我让费尔南多关掉了摄像机，收起了话筒。我无法拿着贴着 CCTV 台标的话筒，对着一个 12 岁的小男孩，让他回忆他的小伙伴们是如何在毒贩的枪战中一个个死去。我不想通过一个小男孩儿哭着回忆那沉重的死亡来获得我想要的故事。一个没有近距离接触过死亡的 25 岁年轻记者和一个已经记不清是第几个小伙伴在贫民窟枪战中死去的 12 岁小男孩，我们虽站在一起，却好像不在同一个世界里。我的问题太过苍白无力，我徒劳的安慰和表面的同情只会让一切显得那么不真实。虽然他只是平静地说，每一次罗西尼亚的枪战后，他就又少了几个玩伴。

住在贫民窟里的 12 岁小男孩，罗西尼亚是他眼中衡量世界大小的标尺。

他问："贫民窟外面的里约热内卢是不是很大？有没有两个罗西尼亚一样大？"

"那么中国呢？"

"中国是不是很大很大？"

来到巴西后拍摄的第一个故事，我没有拍摄，没有做成片子，而是坐在砖红色的矮墙上，看着远处的科帕卡巴纳海滩、海上的豪华游轮和私人游艇；低头望着贫民窟杂乱无章的石子路，砖红色房子，听着一个 12 岁小男孩儿绝望却又透着希望的声音。

"可是，我不想死。"

2 上帝之城

>

他无比坚定地相信这个已经掉了皮的，
棉絮都要飞出来的足球会带他去他想去的地方。

　　清晨第一缕阳光洒在科帕卡巴纳海滩上，穿过面包山，把轻拍沙滩的海浪染成了浅金黄色。热带城市的潮湿感开始在空气里蔓延，但暂时还没有闷热的感觉。清晨是里约热内卢一天中最美丽的时刻，天空的浅蓝色，大西洋的深蓝色，细软沙滩被阳光洒成的浅金黄色，停靠在海边豪华邮轮的纯白色，错落有致地铺在里约热内卢这块大画布上，远处科科瓦多山上的耶稣像张开双臂拥抱着这个刚苏醒的城市。

和这个城市一同醒来的是沙滩上打排球的小伙，依帕内玛海滩上跑步的青年，当然还有一大批"上帝之城"小巷子里光脚踢球的孩子。他们和这个城市一同醒来，日出的金色光芒照在他们的脸上，就像梦想的颜色。

卢卡斯住在这个著名的叫作"上帝之城"的贫民窟里，当我们乘坐的警车路过一排彩色的五六层楼高的简易楼房时，我抑制不住兴奋，冲着正在开车的警察大喊，"'上帝之城'！我终于来到了'上帝之城'。"警察回头冲我笑笑，说："你不是第一个粉丝。"清晨的上帝之城并没有完全苏醒过来，大门紧闭的简易平房，肮脏的街道依然散发着难闻的气味，随地可见的垃圾丢得到处都是。警车穿梭在"上帝之城"的街道里，从车窗里望去，如身处电影场景里。

"给我，传给我！"

"这里，这里！"

"好球！"

"进啦！！！ Goal！！！"

一片八分之一标准球场那么大的空地上，一群光着脚丫踢球的孩子们在叫喊，空地大小毫不规整，高低起伏凹凸不平。那只被他们追着，在地上翻滚的足球（如果那也能称为足球的话），外面的皮已经全部掉了，里头的棉絮时不时地往外飞。

"你没有办法想象他们有多想成为足球运动员，他们没日没夜地在这里踢球，除了吃饭和打零工赚钱养活自己的时间，他们都在踢球。"

"这里会出下一个罗纳尔多吗？"我看着这些兴奋得奔跑着叫喊着的孩子，看痴了。空地外零乱地放着他们的人字拖，每一双都已经黑旧得看不出原本的颜色和花样。我在想：罗纳尔多曾经对媒体说，他们都光脚踢球，看来这是真的；小罗纳尔多也曾对记者说，童年什么都没有，只有足球，看来这也是真的。这些穿着破烂不堪的背心裤衩的孩子，有的甚至光着膀子，他们轻盈的带球，眼花缭乱的过人，用力的射门，在这些时刻，好像整个上帝之城的贫穷和危险对于他们来说是不存在的，周遭所有的肮脏破败、现实的饥饿和潦倒对于他们来说也是不存在的。他们踢球的样子在灰色的贫民窟里闪闪发光。我看了看手表，指针指在七点半。

The city of God，这个贫民窟被叫作"上帝之城"。看电影《上帝之城》的时候，没有想过有一天我居然真的会来到这里，会走进这个被称作"里约最危险贫民窟"的地方。《上帝之城》充满了人性的堕落和无尽的暴力，让人感到恐惧，而充满梦想，不愿意与暴力为伍的布斯卡是这个电影最温情的部分。没有想到的是，看过电影的很多年以后，我走进上帝之城，在灰白的砖墙、肮脏的街道、土黄色的泥地里，在只有灰色、土黄色、暗褐色、深黑色组成的"上帝之城"

里，看到的居然是一群闪闪发光，拥有金灿灿笑容的"布斯卡"们。

警察叫来那个叫卢卡斯的小男孩过来和我们聊了一会儿天。他说他十点要去修车店帮人洗车赚一点钱，因为不去洗车就没有饭吃。

"必须每天踢球，每天都要练习，我有很多东西还不熟练。"
"比如呢？"
"比如带球过人，我想要转身过人，但是总也转不好。"

卢卡斯一本正经地和我们从技术角度分析着他踢球存在的各种各样的问题，贫民窟里任何一个热爱足球的孩子讲起足球来都是一套一套的，丝毫不逊于任何一名足球解说员和评论员。他们谈论自己的优点缺点，需要改进的问题，当然也谈论他们的偶像们。卢卡斯眉飞色舞地说着他的偶像内马尔，他说内马尔小时候就和他们一样，也没钱，但是你看，他的技术多好，他踢得多棒。

每天一到十点，卢卡斯就要去洗车赚钱，但他并没有沮丧。他说这是现实生活，总要活下去。我说他并没有很多时间来踢球，卢卡斯很不以为然，反驳说，可是只要早起就可以去踢球。他无比坚定地相信这个已经掉了皮的，棉絮都要飞出来的足球会带他去他想去的地方。

巴西圣保罗有一个足球博物馆，那是整个巴西的荣耀，足球博物馆里有一个橱窗展出着所有可以当足球踢的东西，有纸团、袜子、易拉罐，甚至是破烂布娃娃的头，很多巴西足球明星都说，他们踢过这个世界上所有可以当球踢的东西，因为买一个足球太贵了。但即使这样艰难，所有和小卢卡斯一样的孩子们依然相信："那一天一定会到来。"

也许上帝之城里的孩子们什么都没有，但是在那一刻，我突然知道这个贫民窟为什么叫作上帝之城。他们的生活充满着饥饿和贫穷，从哪个角度看都不像是受到上帝眷顾的。也许上帝对他们最大的眷顾就是让他们始终不放弃希望，让梦想始终和他们在一起。

那么，我的皮球呢？

3　要不要去追寻属于你的皮球

>

那只掉了皮、
棉絮四飞的皮球一直在我脑海里挥之不去，
因为我突然发现，
那就是理想的样子。

我的皮球在哪里呢？

从"上帝之城"回来后，那只掉了皮、棉絮四飞的皮球一直在我脑海里挥之不去，因为我突然发现，那就是理想的样子。在一个已经不怎么讲理想的时代，理想就是一些不切实际虚幻的概念，但我第一次看到了它实实在在的样子。没有被实现之前，理想没有好看的外表，我们甚至因为想要追求那个看起来不可能的理想而被嘲笑。上帝之城里的大人们，甚至是我们，大概没有人会相信靠这样一只皮球能够走到世界之巅吧。那只足球棉絮四飞，就好像是我们在追求皮球道路上遇到的困难，一个不注意，棉絮都跑出来了，多到可能我们马上就要失去那只皮球了。

长大以后才发现，理想从来都不是什么粉红色气球，那些能称得上理想的东西都没有一个好看的样子，而追求皮球的道路上充满艰难和牺牲。

回到最初来巴西赴任的时候。

2012 年 5 月 31 日，我推了 6 个大的行李箱在首都机场 T3 和生活了 6 年的北京告别，和我生活了 24 年的中国告别，去一个叫作巴西的国家。那一年，我 24 岁。

24 岁的我，大学毕业两年，在北京有一份国家电视台的稳定工作，有一帮厮混在一起吃喝玩乐偶尔也兼谈人生理想的闺密，有一个大学时候的稳定男友。怎么看都是经过"九九八十一难"，从念书写作业考试，到中考高考，再到大学毕业找到工作，最终取得真经，终于过上岁月静好、现世安稳生活的样子。对于一个没有远大抱负，从来没有想过要忍辱负重、奋力博杀的南方姑娘来说，毕业后两年的生活，已经足够令人满意了。

积极向上但循规蹈矩地过了 24 年的我，从来都不是一个冒险进取，想要处处体验新鲜生活的姑娘，甚至有些无趣保守，觉得应该按时恋爱、结婚、生子，走一条大部分人走过的路。"背包十年""辞掉工作去旅行"，甚至是"间隔年"这些对于我来说都是遥不可及。我始终觉得虽然激进、愤青是年轻人的特权，然而大部分的时候，我们不需要和生活鱼死网破，不需要非要不走寻常路，因为最终我们都会殊途同归。更何况，鱼死网破大部分的结果都是鱼一定会死，而生活这张大网永远都不会破。

所以，我和大部分普通姑娘一样，循规蹈矩地工作、恋爱，安心生活在这样的小日子里。但是，某一些时刻，总有一些"远方"暧昧地向你招手。当你看到某个旅行作家真的去了南极，当你看到某个不是很熟的瘦弱的女同学真的去了毛里求斯，当你看到书店里网络上每一个人都在讨论旅行的意义，当你看到朋友圈里工作最拼的那个男生终于休了假去了西藏，你总会有一点心动，觉得这个"远方"一定有一些什么不同。而大部分的时候，我们也只是心动一下，辞职抛下一切去旅行，即使媒体再怎么鼓吹，那毕竟只是很少很少的人在做的事。

直到某一天，当我算了几个简单的数学题之后，发现如果真的有一个三毛曾苦苦追寻的、摇滚乐手撕心裂肺歌唱着的"远方"；如果真的有那么一个大大的世界；如果每一个人，即使如同我一般循规蹈矩的女生都会在内心默默幻想生活在那"远方"，而当有一天，"远方"真的在向你招手时，我们却并没有足够的时间去走向它、拥抱它。

对于一个女生来说，如果一切顺利的话，大学本科毕业 22 岁，毕业后 2～4 年，恋爱结婚，那么 30 岁也许就该结婚生子。在剩女当道的今天，这也许是大部分女生梦寐以求的童话故事了。我认识过大二的女生，父母就已经在安排相亲，还有一个研究生毕业的女生，已经结婚生子移民去了美国。所以，从你毕业到步入婚姻开始有家庭责任需要承担之前，时间并不是很长。如果你本科毕业，那么恭喜你，还有 6～8 年；如果你研究生毕业，那么还要再减去 3 年，也就是 3～5 年，而在这个暂且还没有较大负担的 3～5 年里，你需要工作赚钱、约会恋爱甚至是贷款买房，那么，我们究竟有多少时间可以真的去到远方，可以"生活在别处"，可以去寻找、追随属于我们的皮球呢？

所以，当 24 岁的我有一个去地球另一端做驻外记者这个听上去很浪漫、很"生活在别处"、很"远方"的工作的时候，我算一算，如果我还想走回一条"正常"的、循规蹈矩的、大家都在走的平常道路，那么这简直就是出发的最后时间了。因为，驻外三年，24+3，回来就是27 岁，可以赶在所谓最后的时间，走回到那条所谓正常的道路。那是我 24 年的生命里第一次觉得，时间对于一个女生来说，真心太残酷了。

所以，真的要去巴西吗？

巴西是哪里？

小时候，爸爸妈妈说，从地上挖一个洞，一直挖，一直挖，挖到地球的另一端，就是美国。那时候，知道的国家很有限，觉得最远的地方可能也就是美国了。而现在我要去的这个叫作巴西的地方，和中国真的在彻彻底底的地球两端。没有直飞的航线，最接近直飞的国航航线，也要在欧洲停一个小时加油。飞机都要中途休息的航线，巴西是有多远。

　　巴西，一个不以政治经济著名的国度，而且非常标签化。足球、桑巴、海滩，在我粗浅的知识里，这几个词就代表巴西的一切了。我，一个不会踢足球、不会跳舞、不会游泳的姑娘，去巴西干吗？

4 理想和现实之间到底有多远

>

当我坐着好几层厚防弹玻璃的警车前往圣保罗
郊区的时候，
阳光、海滩都是理想，
贫民窟才是现实。

　　未来的三年，24 岁、25 岁、26 岁，身边的朋友说了无数遍，这是你最好的青春年华。年轻，和我们拥有的所有美好事物一样，当你拥有的时候不自知，等到有一天失去的时候，才能体会原来它是那样美好。就如众多我们拥有的东西，同窗多年的好友、对我们关爱有加的父母……

二十出头的时候，从来没有想过自己的二十几岁要怎么过，总觉得有大把的时间可以挥霍，仿佛自己的二十几岁永远也不会过去。那时候的我，有着年轻的身体和不切实际的理想。有朋友说，常常到过三十岁生日的时候，才缓过来，原来那些和朋友们一起喝酒弹琴聊天的夜晚并不是天长地久的。

去不去做驻外记者，这件事本身的意义在其次，更重要的是，我需要好好想想，那个别人口中"最好的青春年华"要怎么过。要怎么过才算是没白过，如果说把这三年浪费在充满着阳光、沙滩、足球的南半球，算是没白过还是把这最美好的青春拍死在了南半球的沙滩上？

可是，没有答案。

事实上很多浪漫主义的想法都是多余，所谓的值得不值得，没有标准答案。而所谓的把这三年美好的青春拍死在南半球的沙滩上，这毫无疑问是我想多了。当我坐着好几层厚防弹玻璃的警车前往圣保罗郊区的时候，阳光、海滩都是理想，贫民窟才是现实。

"别往窗外看，如果有人拿着枪靠近，马上弯下身子，头低于车窗。"

同去警察的话像复读机一样，在脑中一遍遍地复读，以至于精神紧张得生生把这次去拍摄的题目都忘了。还想着回来的时候要采访一下警察，谈谈圣保罗周边贫民窟的治安状况。而我上个星期联系好的题目，明明是贫民窟的足球少年。

我想做一个关于贫民窟足球少年成长的故事，这是我这么多年来对巴西的固执印象。我们在世界杯上看得如痴如醉的球星，以及从报纸八卦周刊上读到的球星背后的故事，那些世界级俱乐部公关最乐于向球迷贩卖的励志故事，所有的所有，都来自巴西的贫民窟，因为那里，才是足球天堂。那里有无数个小贝利、小罗纳尔多。如果说巴西是足球的沃土，那么贫民窟一定是巴西最肥沃的那块土地。我想要亲自去那块土地上踩一踩，亲眼去看看那些未来的足球明星们。

我们先是坐车来到了社区所属的警察局，警察告诉我们，要去到那个足球学校必须坐他们的警车进去，因为贫民窟里什么事都可能发生，我们独自前往太不安全了。我们把一些不必要的物品都放在了警察局，只是拿着摄像机、话筒等设备坐上了警车。警察局的负责人安德烈带着我们一路开在忽高忽低，布满不规则石头的土路上，我脑中一直复读"看到有人拿枪就要卧倒"的箴言。

就这样，我们来到了贫民窟深处的一所足球学校。学校的老师热情地接待了我们，带我们参观这个我认为的"沃土"。贫民窟足球学校的球场根本不能称为球场，只能说是一块空地，连八分之一个标准场地大小都不到，更不用说草地。这块铺着沙子的空地上，男孩女孩儿们正在激烈地比赛。

里面个头较高，带球过人最漂亮的那个男孩叫丹尼尔森，今年16岁，和单亲妈妈相依为命的他梦想成为一名足球运动员。但是对他来说在草坪上踢球都是奢望，家里的阳台和贫民窟的街道，就是他的"训练场"。比赛结束，老师示意丹尼尔森过来和我们聊两句。

我一开始担心孩子对着镜头会紧张，但是学校老师告诉我没事，因为聊的是足球，你一定能看到这些孩子们眼睛里的光芒。

"我爸爸以前也踢过球，但是没有机会，我之前看他踢球然后我也想踢，在家里我经常和爸爸一起看电视里的足球比赛。"

"每次看电视我都想，我想有一天自己也能走到那儿。"

从丹尼尔森眼睛里好像可以看到未来。

而当我问及其中多少人可以去俱乐部踢球的时候，爱德华多无奈地摇摇头，他的回答的是：

"几乎没有。"

这是贫民窟的现实。

5 贫民窟不再是足球天堂

>

这里的贫民窟早已不是
贝利那个年代的足球天堂。

　　爱德华多对我说:"你要知道,贫民窟的足球学校,并不是为了
培养明日之星。"

　　这个说法把我吓了一跳,然而脑子里闪现的却是 2002 年巴西队

夺得世界杯的画面：

2002 年，巴西队第五次夺得世界杯，卡福作为巴西队队长捧起大力神杯的时候，卡福身穿的巴西队队服上写着"100% 来自伊雷尼花园区"。伊雷尼花园区是圣保罗一个贫民窟的名字，而这位巴西队的队长想要告诉世人自己是土生土长从贫民窟走出来的足球巨星。在巴西，足球巨星的名字似乎总是和贫民窟联系在一起，贝利、罗纳尔多、罗纳尔迪尼奥、卡福，这些国际足坛上响当当的名字都打上了贫民窟的烙印。

然而，为什么，我眼前这位贫民窟足球学校的教练却和我说，这里，并不是为了培养足球明星呢？

"最大的困难是他们没有机会进入俱乐部踢球，有时候一个孩子通过了俱乐部的测试，但是他们没有训练的条件，也没有条件让饮食得到很好的保障。"

和我们想象不同的是，原来这些贫民窟的足球项目并不是为了培养下一个贝利或是下一个罗纳尔多，对于贫民窟里的孩子来说，他们的困难太多了，甚至足球本身就是个奢望。枪支泛滥、毒品、暴力以及贫穷使这些孩子们根本无法正常健康地成长。这个贫民窟足球学校的成立是期望通过足球让孩子们能够坚持上学，远离毒品和暴力。

"这些孩子们若要参加这个足球项目，就得保证在学校的出勤率。"

足球是孩子们热爱的东西，而贫民窟足球学校能做的，只是通过足球让孩子们走到正轨上来，梦想以及明日之星，那还离得很远。

虽然教练并没有抱着培养职业球员的目的，但孩子们依然把梦想寄托在这里。

孩子们喝着牛奶吃着麦片，我问他们想不想成为职业球员，所有孩子，大大小小，男孩儿和女孩儿，都说非常想。

一个叫玛丽的小女孩扑闪着大眼睛对我说："我家里非常困难，如果我有一天能成为职业球员，就可以帮助我的爸爸和妈妈，我们家的经济条件就能变得好一点。"

而很多男孩儿都无限向往成为职业球员，在他们看来，职业球员可以周游世界，他们可以看到更大的世界，当然所有人都把成为球员后能贴补家里当作一个重要的原因。

孩子们的愿望都是朴素的，但是对于他们来说，在成为职业球员的道路上缺少的东西太多了。除了系统的训练、合理的饮食之外，住在这里的孩子甚至连去大俱乐部参加选拔的车费也付不起，他们住在偏远的贫民窟，而俱乐部都在城市里，而好的俱乐部都在大城市，他们连去参加选拔的第一步都无法迈出。

对于丹尼尔森来说，他没有钱上足球学校，更没有钱参加大俱乐部提供的足球课程，这里至少有教练做一些基本的指导，这是他唯一提高球技的途径。

爱德华多遗憾地告诉我，今天和三十年前不一样。三十年前，球员的技巧、能力都是在路边锻炼起来的。而今天，巴西几乎所有的大俱乐部除了青训营之外，都有付费的足球学校课程，在这些课程中有专业的教练、专业的营养师，足球俱乐部提供除了天赋以外的一切外力帮助，最关键的是他们提供层层的选拔机会。

也许 20 世纪，大俱乐部还会有球探深入贫民窟去发现那些有天赋的孩子，而今天，千里迢迢坐飞机奔波在巴西各大城市俱乐部参加选拔的孩子们已经多到每周安排一次都不够，那些没有条件，没有交通工具，真正生活在贫民窟里，等待被发现的孩子机会小之又小。

"机会"对于贫民窟里踢球的孩子们来说是个敏感的词语，很多住在贫民窟里的男人都和丹尼尔森的爸爸有着相似的经历，踢过球，但是后来没有机会。当足球的商业气息越来越浓重以后，足球王国巴西也并不能免俗，那些生活在贫民窟里的孩子和那些受着系统训练，饮食都是营养师调配的中产阶级的孩子们的起跑线已经不同。

贫民窟也早已不是贝利那个年代的足球天堂。

能只有圣保罗三星的水平，但这并不妨碍酒店收取高价，因为睁开眼，你就能看到蓝天碧海上的面包山，夜晚的科科瓦多山上，张开双臂的基督像像一盏明灯，指引着这个城市醒着的人们。

　　从下飞机的那一刻起，空气里都是热带城市潮湿的味道，而来这里的每一个人从这一刻起仿佛都会被这潮湿的气味所带动。飞机上邻座的德国人，听着机场小商铺播放的桑巴舞曲，也会不自觉地跟着扭动。甚至这个国际机场也是由巴西著名的桑巴大师 Tom Jobim 命名的，他那首享誉世界的曲子叫作《依帕内玛海滩上的姑娘》。

Olha que coisa mais linda

Mais cheia de graça

É ela menina

Que vem e que passa

Num doce balanço

A caminho do mar

　　里约热内卢就是这样，这个城市在绝美的碧海蓝天下，散发出来的闲散、慵懒的气质让来这里的人们为之着迷。如果说每天都有成千上万人涌入纽约，拼命工作去适应适者生存的竞争法则，那么每天也有成千上万人涌到里约热内卢，沉醉在这个星球的平行世界里。如果说在纽约没有坏人，只有 loser，那么在里约热内卢，没有穷人，只有"公平"。

如果纽约人认为，这个世界上有一种比"善有善报、恶有恶报"更复杂的公平，那么里约人拥有一种更为平和和淡然的公平，或者说正因为他们有这样一种安逸、懒散的心态，才能真正拥有这样的"公平"。

"我们虽然和那些住在别墅里的有钱人在不同的海滩上，但是我们每天睁开眼睛看到的这美丽的海，和他们是一样的。"

鲍勃邀请我去参加他的贫民窟之夜，对于我这样的胆小鬼小女孩儿来说，本能就是摇头说不，别说白天我都不敢去贫民窟，就冲着这贫民窟之夜得晚上 11 点才开始，我就完全打消了那么一点点想一探究竟的好奇心。这里可是里约热内卢，再美也不能掩盖这里是全球犯罪率最高的城市之一的事实。

"来吧，我这里能看到比对面希尔顿海景房能看到的还要美的里约夜景。"
"——和世界上最好的爵士乐！"

所谓重赏之下必有勇夫，我这个来巴西之前连一条小狗都害怕的姑娘还真是被鲍勃的怂恿给动摇了。鲍勃是我在里约的一个采访对象，是一个英国人。四十多年前，他来到里约，被这里的美景所打动，辞掉了 BBC 纪录片导演的工作，把家搬到了里约热内卢。他和住在贫民窟里的巴西人一样，在满片违章搭建的贫民窟的缝隙里，一砖一瓦地搭建起了自己的家。放弃了 BBC 优渥工作的鲍勃，在塔瓦雷斯巴斯图的贫民窟里，一住就是四十多年，还娶了邻居的巴西女孩为妻，和她生养了三个孩子。

鲍勃贫民窟里的家搭建了几个房间，起初是对英国流浪者开放的艺术工作室，后来慢慢地拓展了空间，一间一间屋子，一层层搭建起来，最终变成了一个贫民窟旅馆，鲍勃给它取名为"Maze Hotel"，迷失旅馆，旅馆内纵深很大，一不小心就会在绕来绕去的楼梯和狭窄的道路中迷失方向。

"这个旅馆的建筑对于我来说是一个艺术品，每一个住在这里的人都能找到属于自己的灵感，自己的道路和方向。"

"之所以叫'迷失旅馆'，是因为这个地方就是为了让人们来失去自我并找到自我的。"

晚上 11 点，我先是打车来到了塔瓦雷斯巴斯图贫民窟山下，出租车司机不愿意也无法开上去，在问了我三遍真的确定要去这个贫民窟山上后，对我说了句"祝你好运"之后，开走了。巴西人的派对，一般都不会准时开始，就算晚上 11 点出发，我应该还算是那个早到的。

在贫民窟山上鲜有的几盏路灯下，我凭着上次白天来采访的记忆往上走，还没等我来得及在这月黑风高的夜里自己吓自己开始乱想之前，突然看到前面、后面，三三两两说着英文的外国人都在往上走。心里暗想：他们肯定也是去鲍勃家的贫民窟之夜的。

"你也是去参加鲍勃的晚会吗?'迷失'有世界上最棒的爵士乐!"

路上的丹麦男生威廉过来和我一起走,他和几个朋友来里约旅游,他说迷失旅馆是他们里约之行的重要一站,来之前他们看了好多本旅行书里都推荐这个叫作"贫民窟之夜"的活动,说这属于里约旅游"must list"(必游名单)里的重要一项。

"贫民窟之夜"是每月一次的爵士派对,这里的音乐甚至被权威的英国爵士杂志评为全世界最好的爵士乐之一。现在每月的活动到场人数都不少于 500 人。

还没走到迷失旅馆,就传来了震耳欲聋的鼓点声、吉他声,丹麦男生一行都兴奋地舞动起来。威廉拉着大家涌进了旅馆,大声说着,我请大家喝一杯 Caipirinha !

白天的前台变成了乐队的舞台,大堂休息区则在黑暗里变成了舞池,吵闹的人群,巴西人、丹麦人、美国人、日本人,非洲人,跟着音乐跳着形态各异的爵士舞,远处的沙发上,各个国家、不同肤色的年轻人,说着乱七八糟的各色语言,手脚并用地比画着,兴奋地交流着。

鲍勃拉我冲出舞动的人群,拿着一杯薄荷味的 Caipirinha 请我喝,跑到阳台上说他没有食言,这就是里约最美的夜景。

深蓝色的夜空里繁星点点,科帕卡巴纳和依帕内玛海滩的海岸线被照明灯连接起来,面包山安静地耸立着,背后贫民窟的万家灯火使整座山上都似布满了繁星，贫民窟的居民用灯光拼接起了一棵巨大的圣诞树，闪着亮光。远处被灯光照亮的基督像拥抱着这个美丽的城市。

这是我见过最美的星空。

这是我见过最美的里约热内卢。

"Merry Christmas！ Cheers！"鲍勃举起了手中的 Caipirinha，舞台上舞池中的所有人都举起了手中的酒。圣诞节快乐!

连日的奔波采访拍摄，让我忘记了今天居然是圣诞节。美妙的贫民窟之夜，贫民窟那棵用万家灯火拼接起的圣诞树是我见过最美的圣诞树。

这就是里约热内卢的公平。

人们从世界各地来到里约，人们从里约的各个角落仰望着基督雕像。

鲍勃说，有一天他来到这里，就爱上了这座热带城市，和他过去的世界告别了，不再是那个 BBC 的纪录片导演，看上去一无所有。
"但是，我现在拥有的是整个里约热内卢。"

>>>

————

亚马逊是看不到尽头的大自然。

PART - 02

Amazon
Rain
Forest

真正的亚马逊雨林
在哪里

1　雨林深处的水上木屋

\>

我沿着长长的木质栈桥走向我在亚马逊雨林里的房间。
雨林深处，
安静得一点声音都没有。

　　那些没有到达的地方是因为你从来没有想要走，或者一直没有开始走，或者走到一半停下来了。从来都不是因为，它真的不可能到达。就像是，在此之前我从来没有想过，我会来到这么遥远的亚马逊深处，荒无人烟，好像是另一个星球。

和费尔南多道别，说好好休息明天见。我沿着长长的木质栈桥走向我在亚马逊雨林里的房间。雨林深处，安静得一点声音都没有。没有飞机、汽车、喇叭、建筑工地、锅碗瓢盆这些人类制造的一切声音。只能听到我走在木板上，沉重步伐下的木头回声，啪嗒、啪嗒，还有亚马逊河水平静而深邃的涌动声。

栈桥是三三两两的木板，稀疏地随意搭建起来。它们是连接木屋之间的行走通道。木板就是本身木头的颜色，没有用任何人工的油漆，木板之间的细缝或窄或宽，低头就可以看到亚马逊河水在脚下缓缓流动。黄昏时分的雨林深处，夕阳把整片天空染成橘黄色，三三两两的深桃红、浅紫色、柠檬黄的云朵给这片橘黄色的天空增添了更多的色彩。此刻，只有一望无际的亚马逊河、看不到尽头的热带雨林和我。这就是最原始的大自然和人类最初的关系。

这里是亚马逊雨林深处，我和费尔南多来到这里拍一个亚马逊雨林的系列故事。从圣保罗坐飞机到离亚马逊最近的城市玛瑙斯需要五六个小时，玛瑙斯是亚马逊雨林的入口，这个城市在亚马逊雨林旅游资源被开发后，逐渐变成了一个商业化的旅游城市，但不能算是真正的雨林入口。玛瑙斯的码头停着大大小小的旅游船只，将不同肤色的游客带到最近的雨林游览，最后再回到玛瑙斯。

费尔南多说，那不是亚马逊，玛瑙斯不是亚马逊。真正的亚马逊雨林少有人类活动，被整座热带雨林包围，宽阔的亚马逊河看不到尽头，你会以为这是大海。真正的亚马逊是看不到尽头的大自然。看不到尽头的大自然，你知道吗？

为了这个看不到尽头的大自然，我们订了一个亚马逊雨林深处的酒店，其实它并不能称为一个酒店，它是搭建在亚马逊雨林深处的二十个木屋，通过栈桥彼此相连，两个木屋之间相隔数百米。这些搭建在雨林深处的木屋被《国家地理杂志》列为全世界必看的1000个地方之一。当傍晚到达后，我和费尔南多告别，独自走在长长的木板栈桥上时，内心空荡荡地只能听见自己的心跳声。为了到达这片雨林深处，我们换了三种交通工具，花了一整天时间。从圣保罗飞到玛瑙斯，从玛瑙斯的码头换乘大的游船，经过黑白河，继续开了两个小时以后，看到了酒店来接我们的快艇。我们乘坐快艇，一刻没停地开了四个多小时，才在傍晚时分，来到了木屋这儿。没有陆地，但是至少双脚能踩在木板上了。

每年11月到次年6月是这里的雨季，与旱季相比，水位相差能达到20米。这里的木屋一般都有十几米高，由于现在是雨季，我看到的这些被河水漫过的木屋，其实水下还有十几米深。

从前台的那个木屋走到我的木屋，蜿蜒曲折，一个人在这片雨林里走了大概二十几分钟，时不时树丛中跳出一两只猴子，拦在狭窄的木板中间，像我这样胆小的女生一时不知道该往前走还是向后退。拿出手机，想要向费尔南多求救。掏出手机才想起来，这里是真刀真枪的亚马逊雨林，不是海南岛某个人工的热带雨林，这里没有手机信号、没有网络，前台的小哥刚和我们打招呼说，这里甚至没有什么家用电器，房间里只有一个电灯泡照明。在恐惧袭来之前，那只挡路的小猴子居然乖乖地跑开了，我不觉加快步伐，奔向我的小木屋。当然也不能跑得太快，脚步踏在木板上发出啪嗒、啪嗒的声响，感觉木板并不那么牢固，有摇摇欲坠之感，不会游泳的我更是胆战心惊，不敢走太快。事后想想，会游泳又怎样，这个看不到尽头的大自然可不是个大游泳池，分分钟都能看见里头鳄鱼闪闪发亮的眼睛。

终于看到了标注着 12 号的小木屋，用钥匙打开门之后立刻把门锁上。从害怕中被小猴子惊醒的我，想起前台小哥的叮嘱，睡觉前一定要锁好门，不然猴子会跳进木屋。我哪里还等得到睡觉前，进屋就把门锁上了。

木屋里陈设简单，除了电灯和风扇之外，没有任何电器。看到电扇我才发觉自己一路走来已经是一身汗，闷热的热带雨林，非常潮湿。在这样的天然氧吧里，我不是在大口吸氧，而是在害怕、担心、恐惧之中，喘着粗气。一个人住在这里，我甚至联系不到费尔南多，除非我在黑夜里再独自行走二十分钟才能到达费尔南多住的小木屋。整个雨林酒店里只有前台有一部座机可以与外界联系。

小木屋外有一个小阳台，面朝亚马逊河，阳台上有一个吊床。之前还一直在想谁会来住这个酒店，一旦发生什么意外，根本无法和外界联系，要是突发个心脏病什么的，根本无计可施。然而当我走出去，躺在吊床上的时候，亚马逊已经入夜了，满天的繁星映照着这片热带雨林，这是我这辈子见过的最大颗的星星，而且居然布满了整个天空。那一刻，所有的恐惧一扫而空，我明白了费尔南多说的话，亚马逊不是玛瑙斯那个旅游城市，亚马逊是看不到尽头的大自然。与世隔绝这样的词语都无法形容这片雨林深处。费尔南多简直是天才。

是了，看不到尽头的大自然。

然而，亚马逊雨林里的深夜，依然失眠。没有想到，一个小小的人，居然能走得这么远。或者，这个世界上本就没有不能到达的地方吧。

借着木屋里仅有的一个灯泡的光亮，在本子上写下：

"2013 年 5 月 31 日，在亚马逊雨林深处，住在 12 米高的木屋里，看得见木板缝隙下的河水。夜晚，听着蝉鸣声，放不下的依然是都市的人和事，即便已经逃离到人迹罕至的雨林，却依然被俗尘琐事牵绊。我已经用尽力气，走得这么远，却好像始终于事无补。"

2 即使用尽全力，
也画不出大自然的样子

>

那样用力的笔触，
仿佛是耗尽画家所有力气都无法表达出的大自然张力。

深夜的雨林依然闷热潮湿，感觉木板床上铺的床单都是湿漉漉的。关上灯，屋内漆黑一片，木屋没有窗帘，直接可以看到阳台外的星空，听着亚马逊河水安静平缓的流动声，迷迷糊糊睡着了。好像听到一点动静，醒来。发现原来是一只小猴子跳到了阳台上，趴在窗台上看我，起身看时间，指针指向凌晨两点整。又好像听到一点动静，醒来。原来是夜里起风了，木屋地板下的河水发出湍急的流动声，雨林里的树木随着风发出哗哗的声响，不是一棵树，而是整片雨林。壮烈的哗哗声像是雨林交响乐团在演奏《黄河在咆哮》。巨大的声响让我不觉又有些害怕，再起身看时间，时针停在凌晨3点。才过去一个小时。整个晚上，我不停地被某些声响惊醒，又疲惫不堪地再次睡去。要知道我可是平时睡觉连打雷也丝毫听不到的主。这个雨林里的夜晚，我每隔一个小时便醒来一次。最后一次醒来看时间快凌晨5点了，索性不睡了，跑到阳台上的吊床上躺着，等待亚马逊雨林里的日出。

这是我来到雨林后第一次忘却了远离陆地的恐惧，在这么一个清晨，平静地欣赏着我周围的一切。天还没亮，早晨没有风，河水安静得好像是木屋下铺了一张浅蓝色中夹杂着银白的宽大桌布，蔓延到远处的雨林，和各种深绿、浅绿、灰草绿、棕绿色交织在一起，再蔓延过去，看不到尽头。我望着这些大自然的颜色发呆，想起来十几岁的时候油画老师的话。

十几岁刚开始学油画的时候，临摹印象派大师的作品。教我的老师是美院毕业的美丽女子，嫁了一名雕塑家，平日里在报社做美编，偶尔接一些像我这样的私教学生。最开始临摹凡·高的《向日葵》，我照着图，尽力模仿凡·高的笔触。老师照例问我对《向日葵》直观的感受，可是十几岁的姑娘既不懂绘画技巧，也不懂欧洲艺术史，更不懂凡·高想要表现的生命力，哪里说得出什么感受。老师带我去户外写生，江南水乡，小桥流水人家，两旁的杨柳树摇曳身姿。老师说："你仔细看，能感受到大自然的张力吗？"

我当时非常诚实地摇摇头。

后来在大英博物馆里看到凡·高的《向日葵》，想起老师的话，依然不是非常理解那盛开得太热烈以至于周边已经开始枯萎的生命力。

在这样一个闷热安静的雨林里的清晨，靠在吊床上，当第一缕阳光照射进这座雨林，当橙黄色的蛋黄般的太阳从河平面上缓缓升起的时候，天空干净得连一点多余的颜色都没有，边际清晰异常的橙黄色映照在漆黑发灰，已经开始慢慢变亮的天空里。周围看不到边界尽的绿色，蔓延到尽头浅蓝色银白色的混合体，被这抹橙黄色照亮。

公鸡开始啼鸣。亚马逊雨林醒了。

在这样一个生机勃勃的清晨，我突然明白了凡·高《向日葵》里的笔触，那样用力，它们排列并不整齐，但是生机勃勃。我终于明白了，那些教科书上的笔触，那些色彩规律，按色谱排列的学院派手法怎么能够表达我眼前的大自然呢。终于明白，凡·高的《向日葵》那样用力的笔触。仿佛是耗尽画家所有力气都无法表达出的大自然张力，为什么用的不是花开最灿烂时的金黄色？向日葵盛开那饱满的生命力，只能用花开尽时即将凋谢的浅土黄，甚至是深棕色才能表达出花开淋漓和那绽放的生命力。

展现在我面前的这幅图画，费尔南多口中看不到尽头的大自然，如果要把它画下来，怎么可能用教科书上的细腻笔触和学院派的如实刻画？这一刻，小小的人在这个大大的自然里，只能在画板上用尽力气，才能表达大自然给我的震撼。想起那个十几岁的我，在老师的画室里，拼命问她，为什么印象派的作品里，有那么多不同的绿色？也曾很傻地问，阳光照射下，光影不同，那么这个绿怎么调出来，那个绿又是怎么调出来的呢？

原来艺术本没有什么技巧，全靠眼睛和内心。那些江南梅雨天里潮湿的下午，一笔一笔临摹大师作品却始终无法理解的困惑，一直到将近十年以后，我一个人走到了亚马逊雨林里，才终于得到解答。也终于明白了老师要我们坚持写生的道理，因为这个世界上最丰富的色彩和内在生命的张力全在大自然里。突然想飞到圣保罗的家里，翻开和我一起飞了大半个地球来到巴西的凡·高画册，再临摹一次他的《向日葵》，再仔细看看，好好感受一下这位印象派大师笔触里的张力。也想给我美丽的油画老师打个电话，告诉她，我终于感受到了，那生命的张力。

我换了个姿势，躺在吊床上，跟着吊床一起轻轻地晃动，看着眼前的一切，心满意足。昨天夜里那些恐惧一扫而空，因为这才是这个星球本来的样子。没有摩天大楼，没有飞机汽车，没有拥挤的车流和人群，没有电脑，没有手机。我们也许生活在更便捷的 21 世纪，这个星球的一切不再遥远，所有人都能彼此联系，甚至能跨越地域、时差、语言，毫无障碍地一起工作和生活。但是我们都忘记了地球原本的样子。

大自然和小小的人，这才是这个星球本来的样子。而人和人之间也回到了最原始的沟通方式，就像当我觉得有点肚子饿的时候，传来了费尔南多的敲门声。

爬下吊床，打开小木屋的门，费尔南多冲我招手。

"睡得好吗，我的人类小女孩？"

显然在这样的雨林里，费尔南多也开始意识到，我们只是小小的人类。

3 雨林里的早餐会

>

一个巴西人，一个中国人，
两个生活在雨林里的印第安男人，两个印第安小女孩，
在吉尔森家"隆重"的早餐会上，
聊的居然是世界。

　　和费尔南多一起去前台木屋，那个小木屋既是前台又是一个简易的餐厅，虽然晚上睡得如此不好，但是当我沿着木质栈桥，在雨林里走着长长的路去吃早饭时，心情却很好。雨林深处的绿色蔓延到了心里。清晨的热带雨林，笼罩着一层淡淡的薄雾，安静得只能听见脚下

的流水声。这一刻，终于明白了什么才是真正的人烟稀少，有人的地方，支起灶头，架上炉子，就有了炊烟，而在这样一个几乎没有人的地方，炊烟也无从见到，无从闻到纽约街头的热狗飘香，也无法嗅到北京地铁口煎饼果子的油烟味。

没有炊烟的清晨，竟不像是人类社会。原来，那些我们习以为常的东西，一旦没有，是真的会感到缺失。

自从来到这片雨林里，费尔南多就像是小孩子进了动物园。已经五十岁出头的巴西人，却有着和五岁孩子一样的童心。早上一路哼着小曲，心情好到让路上一只小猴子跳到他的肩膀上，一路载着这只顽皮的猴子一起去吃早饭。我看着这样一幅大自然与人的画面，觉得是那样和谐自在。

终于走到了前台的小木屋，费尔南多把小猴子放下，抖了抖自己的肩膀。一边感慨，人上了岁数，摄像机尚且能扛，一只小猴乖却有点吃不消，一边招呼我去餐桌吃饭。小猴乖跳下费尔南多的肩膀，走出木屋，跳下台阶，低头歪着脑袋，在河边喝水。

看到食物的那一刻，我意识到自己是真的饿了，昨天夜里的恐惧已经让我忘记了饥饿。木屋靠窗摆着一张大的木质餐桌，餐桌没有刷过任何油漆，可以清晰地看见木头的纹理。餐桌上三个大盘子摆得整整齐齐，切片西红柿、切得方正的奶酪，干巴巴的面包。前台小哥端出一小盘炒鸡蛋，笑吟吟地说："欢迎来到雨林早餐会。"正当我望着这三盘冷餐发愣时，眼尖的费尔南多已经盛好了两碗类似汤的东西，做出一副闻着香极了的表情走过来。

"鱼汤！"

老远，我闻到了费尔南多碗里的香味，顿时觉得有人类的地方真好。原来亚马逊雨林里的炊烟，亚马逊雨林里的清晨，有鱼汤的香味。

从费尔南多手里把鱼汤抢过来，刚想要喝，就看见他做出一个夸张的手势，挡住我面前的鱼汤，好像是谁要抢走他的宝贝一样。他说："我们人还没有到齐，要等人都到了才能一起吃早饭。"还嘲笑我怎么那么没礼貌，想要自己先吃。

人还没有到齐？？

这茫茫大雨林，除了我和费尔南多这两个外来的不速之客，酒店前台小哥一家人，还有谁？顿时觉得有点毛骨悚然，不是昨天来这里的时候说，除了他们一家人，就只有我和费尔南多吗，难道这里一直都还住着其他人？小女生天生的不安全感袭来。所以说也许，昨天晚上除了小猴乖和其他稀奇古怪的动物们，还有人踩着咯吱咯吱的栈桥，走过了我的小木屋？

"早上好！亲爱的吉尔森一家！"

一只快艇停在了前台小木屋边上，走上来一个皮肤黝黑的印第安人和两个七八岁的小女孩儿。两个小女孩儿跑进屋，和小猴乖一顿玩耍，然后猛然看到我和费尔南多两个不速之客，唰地跑到了印第安人身后。

"来见见你们的中国朋友，来，哦，还有巴西朋友，对，他来自巴西。"前台小哥给我们相互介绍。

印第安男子叫若泽，是一名船夫，他每天的工作就是把这方圆好几十公里附近要上学的孩子，一家一家接去距离这好几公里以外的学校。亚马逊雨林里，居民都是水上人家，且每户之间离得很远。就像我们所在的这个酒店，放眼望去，看不到第二户人家。水上人家一般不常出门去别的地方，他们在自己的水域里洗衣做饭，大多以捕鱼为生。他们有的一个月才出去一次，到离得最近的陆地买一些生活必需品，包括鸡蛋、蔬菜等基本的食物。他们都有自己的小船，但是开一次要费很多油，所以没有特别的事，他们也不会开他们的小船。

人到齐了，雨林里的早餐会开始了。

原来，前台小哥吉尔森一家每天都会等船夫若泽和他接上的小朋友一起来家里吃早餐，每天若泽都会开不同的线路，这样每天来这里吃早餐的小朋友们都是不一样的。吉尔森一家属于这个区域经济条件较好的，因为他会时不时接待一些喜欢挑战极限生存的外国游客，来到这个雨林深处体验生活。这些游客大部分来自美国和德国。

"雨林里本来人就少，交流也不多，我们已经习惯了，但是孩子们不行。"

"孩子们还年轻，他们需要和外界接触，我这里外国人最多，可以让孩子们知道外面的世界什么样。"

两个小女孩儿瞪大着眼睛，看我只干吃面包，不加奶酪，吃惊地说："中国人是都不吃奶酪吗，那你们吃什么？"费尔南多在一旁大笑，还没等我回答，就和他们说："中国人和我们一样都吃奶酪，只有这里这个小中国人不吃，也不知道她喜欢吃什么。"两个小朋友纠结了一会儿中国人吃什么以后，就开始问雨林外面的世界是什么样的。

一个巴西人，一个中国人，两个生活在雨林里的印第安男人，两个印第安小女孩，在吉尔森家"隆重"的早餐会上，聊的居然是世界。雨林里的世界、雨林外的世界；北半球、南半球。所有人感兴趣的话题居然都是，想要看看更大的世界，只是对于这些不同背景的人来说，更大的世界，定义有所不同。

五十多岁的巴西摄像师费尔南多没有想到，职业生涯的最后十年居然会和地球另一半的中国有如此密切的联系，二十多岁的中国女孩没有想到自己能在这么年轻的时候来到拉丁美洲，三十多岁的吉尔森没有想到自己住在雨林深处，却办了一个和世界各地游客有交流的早餐会，而船夫以及那两个小女孩儿没有想到原来雨林外面的世界是那么大。

而所有人，都想着能够在自己已有的平台上，再踮起脚尖，跳一跳，也许就能看到那个更大的世界。

即使在远离大陆的雨林里，都有这么"隆重"的早餐会，等全部人来了道了早安才能开始吃。不过在如此人烟稀少的地方，物资匮乏，西红柿、奶酪、干面包都是稀缺的东西，一个月才从外面运来一次。所以这个简朴的早餐会，重点并不是吃什么，而是参加早餐会的人。参加早餐会的人年龄不同、知识背景不同，甚至国籍都不同，但是当他们在一起交流时，精神都闪着光芒。

在任何地方，只要人和人在一起交流，精神都会闪着光芒。

亚马逊的清晨，鱼汤飘香。

4　一个都不能少

>

一个浮在水面上的木屋学校，
形单影只地立在这片看不到尽头的雨林里，
显得那么渺小。
好像天地间就只有这雨林、这木屋，
但耳朵里却传来琅琅读书声。

不吃奶酪的我，把其他的东西都吃了个遍。

一片干面包、两片西红柿、一点炒鸡蛋和一碗香喷喷的鱼汤。这么朴素的早餐，我吃得意犹未尽，尤其是那碗鱼汤，是用吉尔森早晨刚钓上来的活鱼烧的，鲜美无比。我问吉尔森能不能再要一碗的时候，费尔南多嘲笑说，姑娘，不要一次都把好东西吃完。而这句话的画外音其实是，这里只有鱼汤，我们每天从早饭开始都是吃各种各样的鱼，他怕我第一天就吃厌。

早餐会一结束，我就催促费尔南多检查机器设备是不是都带齐了，我们要开工了。我和费尔南多带着我们的摄像机、三脚架一起跳上了若泽的船。不知道是不是不会游泳的心理作用，我觉得我俩和机器上去以后，船立马下沉了许多。雨林里的快艇不像国内旅游景区的快艇那样崭新锃亮。这艘船看上去怎么也有些年头了，我紧张得用手紧紧地扶着栏杆。

"你抓得再紧也没用，船要是翻了，不是一样掉下水去。"费尔南多一边说一边把救生衣递给我，示意我穿上。嘴里还嘟嘟囔囔，这样即使你掉下去也会浮在水面上，你可知道，这亚马逊河里可是随时能看到鳄鱼的。

我一把拿过救生衣，从来没有那么认真地穿过这橘黄色的泡沫衣服，把每一个扣子都结结实实地扣好了。脑中回想起昨天夜里，漆黑雨林里，看到的闪闪发亮的眼睛。

我们要跟随船夫若泽去拍摄一个亚马逊里水上学校的故事。来之前，我以为只有搭船开到学校以后，才能开始拍摄。我以为这就是一个建在水上的特色学校，由于雨林里少有陆地，所以学校不得不建在水上之类的故事。没有想到的是，这原来是一个"一个都不能少"的故事。

这附近几十公里，有大概十几户水上人家。沿途的亚马逊河上，隔一段时间就会出现一两个搭建在水上的木屋。四根甚至是八根粗壮的木头直直地伸到河水里。由于雨林里旱季、雨季更迭，雨季的时候河水上涨，大约能涨十几米。这些木屋一定要建成十几米高，这样雨季到来时才不会被河水淹没。若泽指着那几根地基的木头告诉我，这些木头都有十几米，而我们现在看到的，被河水淹没的木质阶梯其实也是一直延伸到水下十几米。旱季的时候，这里的原住民要爬这十几米的台阶才能回到家里。

我们的船靠近一个木屋的时候，一个小男孩在窗口朝我们招手。若泽关掉快艇的发动机，让船靠着加速度在河上漂一段靠近木屋。小男孩看见我们靠近，马上离开窗台，背着书包跑下来，站在没有被河水淹没的台阶上等我们。我们船上的两个小女孩兴高采烈地和他打招呼，招呼他上船。若泽在船尾一拉发动机，船又轰隆轰隆地开往下一家。

若泽告诉我，很少有老师愿意来到雨林里教书，雨林里的原住民普遍受教育程度很低，没有办法当老师，很多人甚至只会讲印第安的土著语，连葡萄牙语都不会说。这学期，州政府好不容易从附近的帕拉州请来了一个女教师，孩子们终于有机会能够上学，要知道上学期才上了三分之一的课，老师就受不了这里恶劣的环境，回城里去了。

孩子们在船上兴高采烈，嬉戏打闹，和这个世界上其他地方的小学生一样，不见一点烦恼。又过了两个小时，小小的船上居然载了十几个孩子，不会游泳的我抱怨这是超载，但是若泽说，没有办法，船跑一趟油钱很贵，只能靠他开的时候小心谨慎，让孩子们尽量不要在船上打闹。

"好不容易有老师，我得挨家挨户把孩子们都接上，这堂课孩子们可是一个都不能少啊。"

我们绕了两个多小时，来到这个水上学校的时候已经快十一点了。从快艇上下来，跳上学校木屋的台阶。这个木屋比之前我见过的所有木屋都要大，大概有我住的酒店小木屋的四五倍大，这就是水上学校了。进去一看，还真就是一个课堂，二十几个课桌排得整整齐齐的，还有一块用旧了的黑板。

老师早早地就等着孩子们了，十一点整，亚马逊里的水上学校终于开始了今天的第一堂课。后来我才知道，这水上学校每天一共就只上两节课，因为下午三点，若泽又会把孩子们从学校接走，一个一个安全地送回家。不能太晚，因为夜里的雨林，没有路灯，几乎都没有光亮，船要开两个多小时，在夜里开船非常危险。

一个浮在水面上的木屋学校，形单影只地立在这片看不到尽头的雨林里，显得那么渺小。好像天地间就只有这雨林、这木屋，但耳朵里却传来琅琅读书声。

我对费尔南多说，这雨林深处里突然传来了琅琅读书声，就像是一种魔法。

而魔法师就是那位帕拉州来的漂亮女教师安娜。她接受我们采访的时候说，大家都知道雨林里艰苦，应该到大城市去。我对她说，这雨林里因为她而传出的琅琅读书声，像是一种魔法。安娜笑笑说，如果这个世界上真的有魔法，那么魔法一定就是知识。孩子们一定得有学上。

"我也想去大城市，想去圣保罗工作，但是不能所有人都去圣保罗，因为还有那么多的孩子，他们都不知道圣保罗在哪儿，圣保罗是什么样子的。"

小小的人，都在做着小小的努力，虽然和这片雨林相比，人类的努力看上去更加渺小，但是，连船夫若泽都知道，要接上所有的孩子，因为好不容易有老师。

"孩子们一堂课都不能少。"

5 印第安原始部落的草药敢不敢吃

>

在首领给我费劲解释，科普植物功效的时候，
那两个印第安男人已经非常利落地
割下了好多"猫指甲"。
我顿时有一种穿越回古代跟随李时珍采中药的感觉。

　　自从来到这个人烟稀少的雨林里，往日活蹦乱跳的费尔南多就一直受肠胃不舒服的折磨。后来的早餐会他都默默地啃干面包，吃西红柿，一口鱼汤都不敢喝。我自然是毫不犹豫，仗义地承担起消灭他的鱼汤的重任。

每天早晨，费尔南多都歪坐在木头长凳上，看我美滋滋地喝着鱼汤。他百思不得其解，因为怎么看着都是我这个成天喊累的中国小女生身体素质差点，他自己可是每天健身，五十多岁还保持很好身材的巴西人一枚。

"你在中国的时候，是不是就生活在热带雨林里，只是没有告诉我们而已？"费尔南多愤恨地想了所有的可能性以后居然得出的是这个结论。其实，我就是属于那种平时不出差在家里，时不时头痛脑热，小状况不断，身体确实有那么点娇弱。但是一旦出差，或者是出去玩，一定好好的一点状况也不出。

我表哥老早就说，这是我体内的贪玩基因得到彻底认证的一种方式。还记得小时候第一次出国，和表哥一起去伦敦，全家上下都担心我，千叮咛万嘱咐让表哥好好照顾我。然后我带着一个大大的箱子塞满了各种以备不时之需的药物，和怕吃不惯英国土豆饭而备的几十包泡面。表哥只带了一个小箱子，站在他旁边，我真是想找个地洞钻下去，简直像是乡下人第一次进城。但神奇的是，到了伦敦，我吃喝玩乐，各种适应，本来在国内挑食极了，到了这里啥都能吃，相反的是表哥，上吐下泻，我慷慨地把所有的药物和泡面全部都赠送给了他。

但是，我们的工作就是这样，不管身体状况如何，拍摄进程一点也不能耽误。费尔南多和我一大早拿好机器又出发了。我们今天要去一个印第安人的部落，早餐会的时候吉尔森提醒我，那个部落的人可能不太会说葡萄牙语，因为很多雨林深处，原始的印第安人只会说印第安土著语。

开了好久的船，总算是到了一片陆地，刚下船，我们以为已经到了部落，却被来迎接我们的部落首领告知，还要在泥地里走大概一个小时的路。费尔南多当下就表示要晕倒，可是没有办法，前不着村后不着店，只能往前走。

看着一路上费尔南多大颗大颗汗珠掉下，实在是一点办法都没有，我把随身带的黄连素等中国药拿出来问他吃不吃，他忙说我是巴西人的身体，那是中国的药。我心里腹诽都什么时候了随便什么药都要试试吧。后来想想自己也是随身都会带着中国的药，也从来没吃过巴西的药。

我帮费尔南多提着三脚架走了一路，要知道换了平时，巴西摄像女士优先的思想还是根深蒂固的，断然不可能让姑娘帮拿一路的三脚架。

终于走到了传说中的印第安原始部落。一个木栅栏围着一大片地，十几个小茅屋沿河而建。首领拨开木栅栏，示意我们可以进去。

里面全部都是电影里才能看到的印第安人。
来接我们的部落首领，穿着打扮和城里人没有任何不同，也说葡萄牙语，除了从长相能看出是印第安人以外，没有明显的标志。但是这个沿河而建的印第安部落，可都是真的印第安土著。男人裸露上身，下身穿着树叶状的短裤，女人也穿着草裙。所有人的胳膊或是上身都画着一种同样的符号。首领说这是他们这个部落的标记，只要看到这个符号，就知道是自己部落的人。

这个部落属于印第安部落里比较小的，全部加起来大概四五十人，都群居在这里。这里所有人都姓利亚德，在印第安部落里，原住民们仍然按照最原始的方式，以姓氏来划分部落。部落里的男人们拿着弓箭长矛，因为现在部落之间已无战争，所以这些工具的用处主要是打猎物。女人们在河边洗衣做饭，炊烟袅袅。

正当我想和费尔南多说准备开始拍摄的时候，发现费尔南多已经捂着肚子坐在地上，表情狰狞。他说估计早上吃的什么东西让他肚子疼得不行。可是他又不吃我的中国药，我又没有巴西药，这可怎么办？

眼看着费尔南多已经到了要满地打滚的地步，部落首领示意我说，我们一起去给费尔南多找药材？

"找药材？？"我没听错吧。上哪儿找？雨林里吗？

把费尔南多扶到一个小茅屋坐下，我就跟着首领和两个印第安男人一起往河流的反方向走。我还真有些害怕，首领和两个印第安男人叽里咕噜地不知道在说什么部落土语，有那么一瞬我竟然在想，这不是费尔南多在演戏要把我给卖了吧？跟着两个看着像是从原始社会走出来的印第安人，心里真是有些不踏实。

一边走，两个印第安男人一边用他们的长矛拨开雨林里的植物，走了大概十几分钟，看到他们露出欣喜的表情，终于找到了。因为语言不通，两个印第安男人用手比画，指给我看一种植物。树木上沿着藤身生长着一些像猫爪一样的钩状刺。

"像猫的爪子。"我疑惑地看着首领。

他兴奋地说，你也觉得像猫爪子。其实这种植物本身名字就叫作"猫指甲"，是亚马逊里一种常见的药材。在首领给我费劲解释，科普植物功效的时候，那两个印第安男人已经非常利落地割下了好多"猫指甲"。我顿时有一种穿越回古代跟随李时珍采中药的感觉。

回去后，他们把猫指甲的树皮煎煮成药汁，给费尔南多喝下。首领说，他爷爷在世的时候，带他去雨林里认药材，教他怎么煎药，哪些植物可以采，不同的草药的不同熬法。而现在他又把这些传授给部落里的孩子们。

原来每一个民族都是这样，不管科技发达与否，会世世代代传授的都是打猎、淘米、煮饭、熬药这些最最基本的本事。

当然，我实在是不理解费尔南多居然相信这样的土方，却不敢吃中国的药片。换作是我，可是断断不敢吃这样的亚马逊草药的。

神奇的是，过了半个小时，费尔南多真的不疼了。虽然我笑他是心理作用，但是首领说猫指甲确实是一味药材，可以用于治疗关节炎、肠胃不适、数种传染病以及癌症。费尔南多只听到了癌症这个词，一个劲儿地和首领说，自己只是肠胃不适，并不是得了癌症。

经过费尔南多这么一出，回去的路上，首领确实带我们穿越回了李时珍的年代，一路给我指各种草药。这些我把它们统称为"一片绿色"的植物，原来有着不同的名字，更让我震惊的是，从这片雨林里的植物可以提炼出全世界超过四分之一的药品。

"这是亚马逊雨林里很特别的藤，当地人的语言里叫作乌龟藤。当地人用它止血，切一小段这样的植物敷在伤口上血就会止住。"首领指着一个藤状物给我们讲。费尔南多立刻做失血状，要我们用这个乌龟藤救他。

广袤的亚马逊雨林，一片神奇的大自然。

PART - 03

Football
Kingdom

足球王国的世界杯

>>>

————

"我们之所以能举办世界杯，
不是因为巴西是新兴国家，
不是因为巴西在拉美地区经济领先，
一切只是因为，巴西是巴西。"

1 我的世界杯梦

>

2014 年真的到来了，
而这一年我居然真的在巴西，
以一个驻外记者的身份，
迎接世界杯的到来。

曾经听过一位《纽约时报》在中国驻了十多年的记者说，他 20 世纪 90 年代来中国驻外一直到 2000 年以后，这十年间在中国驻外，他觉得非常高兴。因为在这个十年里，中国发生了巨大的变化，作为一名记者，能够和这个国家共同经历这巨变的十年，让他感受到中国的生机勃勃和时代车轮滚滚向前走的巨大力量。

我一直记着这句话。也想有一天，我这个小女孩有底气说，在我驻外生涯里，我和这世界上另一个国家一起经历过一个时代。虽然这样的痴心妄想还没有实现，但是我足够幸运，世界杯回到足球王国巴西举行的 2014 年，我居然在这里，而且还这么年轻。

2007 年巴西申办世界杯的时候，我大二。我还非常清楚地记得，2007 年 10 月，当国际足联主席布拉特宣布 2014 年世界杯将在巴西举行的时候，我们整个葡语班都沸腾起来。我记得当年兴奋、热烈、欢腾的景象，也不知道这远在另一个半球的国家申办成功和我们究竟有什么关系，但是那个时候，年轻的我们坚信，这一定和我们有关系。

还在上大二的我们，倒不是纯粹功利地认为，这七年以后的世界杯会给我们葡语专业的学生带来很多就业机会，虽然也许有这方面的因素，但更多的是我们相信，说葡语的巴西离我们更近了。那时候不仅仅是我们班级，北京所有葡语专业的学生们讨论的都是巴西，都觉得这个拥有奇妙力量的世界杯将会把巴西带到我们眼前。那个时候，不管是上葡语课、在食堂吃饭，还是在宿舍里卧谈，话题都是世界杯。甚至在上公共课的时候，我们葡语班都有一种莫名的优越感，在其他小语种同学羡慕的目光中，大声谈论着世界杯就要在巴西举行了。而其他班级的同学们也莫名地很"配合"，无比羡慕地感叹，你看他们葡语班，世界杯都要在巴西举行了呢。现在想起来真是好笑，世界杯是在遥远的地球另一端的巴西举行，不是在中国，不是在北京，更不是在定福庄，也不是在我们葡语班。

但是那个时候，年轻的我们就是确信 2014 年，我们要去巴西了，我们要说着葡语在巴西看世界杯了。没有计划、没有途径、没有钱，甚至都不知道，两年以后的 2010 年自己能不能找到工作，但全都怀着一腔热情。现在想来还真是有点被自己年轻时的笃信而感动。

而时间再往前倒推，到更遥远的 2002 年，世界杯第一次在亚洲举行的时候，我初二。那一次，中国队扬眉吐气地进入了世界杯的决赛圈，还记得那时候梳着小辫、身高只有一米五的我，一场不落地看完每一场中国队世界杯预选赛的比赛。那一年，全中国最红的名字是郝海东、李玮峰，是米卢，是五里河体育场。那一年，我们对中国队所有相关的事如数家珍，甚至连路边卖臭豆腐的阿姨都能说出米卢来自那个叫作南斯拉夫的国家。

我就是在那一年，从小学体育不及格的女生变成了足球的狂热爱好者。那时候全班在上课的时候一起看中国队的比赛，班里挂着五星红旗，比赛前和中国队一起唱国歌，那时候世界杯对于我来说，是来自中国队扬眉吐气的骄傲。那年肯德基推出的套餐玩具是球星的小玩偶，被称作外貌协会钻石级会员天秤座的我，连贝克汉姆都不要，眼巴巴地等着哪一周卖李玮峰，哪一周卖祁红。我爸现在还对那些大头玩偶念念不忘。很多年以后，我从纽约买了一个奥巴马的小玩偶带回家，爸爸说，他觉得还是当年肯德基那个李玮峰的大头做得最像。

虽然中国队三场全输，一个球都没进，我们依然兴奋，依然兴致勃勃地看球，我原以为世界杯对我来说，只是对中国队的爱。没想到，那一年看了好多好多场比赛，认识了罗纳尔多、小罗纳尔多，认识了齐达内。那一年，开始在报刊亭买每一期的《体坛周报》，看每一期《足球周刊》。

而那一年，我看足球的第一年，看世界杯的第一年，世界冠军是巴西队。

后来回想起来，这是我和巴西这个国家缘分的开始，这是我和世界杯冥冥之中的缘分。也是在那一年，我最羡慕的人就是中央五台的体育记者，此后的整个高中生涯，当时那个体育勉强及格的女生一直都对自己说，我想当一名体育记者。那个时候，记者离我很远，北京离我很远，央视离我更远，要说参与报道世界杯，简直是天方夜谭。那个时候，老看中央五台的一个真人秀节目，叫《谁来解说北京奥运》。

后来，去了北京上大学，学了葡萄语专业，也没有信誓旦旦方向明确地说，还是想成为一名体育记者。大学四年，都没搞清楚，毕业了以后到底要做什么。而 2014 年 1 月 1 日零点，我在里约热内卢的科帕卡巴纳海滩和国内做直播连线。三百多万人一起在海滩上倒数新年，五、四、三、二、一，烟火从海上腾空而起，我对着镜头说："远在地球另一端的巴西正式进入 2014 年，这一年足球王国巴西将迎来世界杯，而从这一刻开始，世界杯正式进入巴西时间。"

连线完以后，我眼泪止不住掉下来。2014 年真的到来了，而这一年我居然真的在巴西，以一个驻外记者的身份，迎接世界杯的到来。这一刻，关于世界杯的所有画面在脑海中如过电影一般闪过，同样闪过的还有 2002 年、2007 年以及后来大学毕业后的自己。这一刻，我充满感激，感激 2002 年的韩日世界杯，让我爱上足球，感激冥冥之中，像线一般的世界杯，指引着我一路向前。

我满心欢喜期待着 2014 年 6 月，世界杯盛宴在这个足球王国盛大上演。

当然在这一刻，我也没有想到，离世界杯还不到一个月的时候，球场里居然还没有椅子。

2 球票有了，椅子还没有

>

球票有了，球迷看球的椅子却还没有。
这样的"奇迹"实实在在地
在足球狂热的国度巴西发生了。

"到底从哪个口出？我们已经绕了一圈了，没有一块标志牌写着
出口啊！"

"我刚刚看了，唯一的一个指示牌写的就是向右拐，没有错啊。"

我和费尔南多推着行李车，在库里蒂巴的机场已经转了快半个小

时，还是没有找到出租车的停靠点。机场里很多区域都被封起来在施工，包括很多手扶电梯。万幸的是，机场唯一一部直梯还在勤勤恳恳地工作，我们才避免了手动搬运全部行李、摄像机、三脚架的灾难。本就不大的机场里，一片嘈杂。施工机器的声音、工人百米冲刺的脚步声、旅客行李的碰撞声、机场广播指路的声音以及所有旅客的抱怨声掺杂在一起，令人窒息。

这是 5 月初，离巴西世界杯开幕还不到一个月的时间。我和费尔南多来这里，做巴西世界杯倒计时的系列片。怎么也没有想到世界杯来到足球王国，倒计时一周年系列片的主题居然是：巴西你准备好了吗？

而下飞机取行李，出机场，找出租车这混乱的一幕已经给了我们答案。

但我们没有想到的是，机场还仅仅是一个开始。

好不容易走出机场，坐上出租车，但是本来从机场到市里也就 40 分钟的车程我们开了将近三个小时。机场通往市里的马路到处都在施工，出租车司机告诉我们，世界杯要来了，很多预计的工程都没有完成，这条路可能要到世界杯开始的前一天才能修好。就当我张大嘴准备做出一副难以置信的夸张表情时，费尔南多淡定地问，开幕前一天能修好吗？司机耸耸肩，一副上帝才知道的样子。

我和费尔南多之所以来到库里蒂巴，是因为上周开选题会的时候，得到一个消息，库里蒂巴的场馆因为工程进度缓慢，国际足联秘书长瓦尔克曾一度提议要取消库里蒂巴举办世界杯的资格。然而球票已经售出，各参赛球队的行程也已确定，更换城市的困难非常大，国际足联下达了对库里蒂巴的最后通牒，5月14日之前一定要竣工。

我们到酒店放下行李就拿了机器直奔球场去拍摄，但当我们坐上出租车和司机说，要去举办世界杯的下城球场时，司机支支吾吾说他不确定是在哪儿。

"我没有听错吧？司机不知道球场在哪儿？这个城市有很多球场吗，司机不知道哪个球场要举办世界杯？这怎么可能呢？"

司机带着我们绕来绕去，我终于明白了，整个球场全部都围起来了，里面正在如火如荼地施工，司机不知道究竟哪个口才能进去，而他应该在哪儿把我们放下。

5月的库里蒂巴，骄阳似火。司机把我们就近放下后，我和费尔南多扛着机器从球场外围几乎绕了一圈也没发现哪个门能够进去，汗流浃背、狼狈不已。周围封锁得严严实实，附近居民也不知道哪里是入口，只知道最近一个月都在赶工，也正因为周围全部被封锁，球场里面究竟什么样，工程进度到底如何，一概不知。我们只能等巴西世界杯官方公布的数字，因为外媒都彻彻底底地被拦在了球场之外。

下午两点多，我们等来了巴西环球电视台的一组记者，负责人带着他们进球场，我们小心翼翼地跟在后面，一点声音也不敢出，深怕被发现不是一起的。

进入球场的那一刻，我被眼前的景象震惊了。能容纳四万三千余人的下城球场，四分之一的看台居然是空的！

没有椅子。

不是国际足联要取消库里蒂巴的世界杯举办资格，是这里根本没法儿进行比赛。球票已经全部卖出去了，四万三千名观众，三万把椅子。环球电视台的记者看着我的惊讶，笑着对我说，你看，这是"巴西奇迹"。

球票有了，球迷看球的椅子却还没有。这样的"奇迹"实实在在地在足球狂热的国度巴西发生了。费尔南多架机器争分夺秒地拍摄，没空理我，深怕一秒钟以后就被球场负责人发现而被赶出去。我独自走在四分之一空空如也的水泥看台上，觉得特别可笑。所有球迷对世界杯的热情、对足球的狂热，巴西人对大力神杯的渴望，巴西官员的豪情壮志，总统罗塞夫信誓旦旦地宣称要办历史上最好的一届世界杯。所有这些狂想的背后，竟是空空荡荡的水泥看台。

"在建设初期建筑工人的人数太少，完全无法应对庞大的施工量。所以施工进度非常缓慢。这一切的根源也在于资金的匮乏，资金到位速度太慢，复杂的官僚程序使得俱乐部很晚才拿到资金。"环球电视台的记者和我分析原因，同时也无奈地摇摇头说，这就是巴西，你得习惯，整个拉丁美洲都有这样散漫拖延的习惯，我们也曾期望，也许在对待足球这件事上，我们的国家会有所不同，但不幸的是，这就是现实。

在这个焦虑的 5 月，全世界的媒体目光都聚焦在巴西，而全世界的编辑部选题关注的都是同一个话题："巴西你究竟准备好了吗？"

我已经记不清这个系列我们到底做了多少条新闻，多少条记者观察来探讨巴西世界杯的筹备工作，而在其中一个片子的记者出镜里，我说："巴西将以何种面貌迎接全球数十亿的观众，谜底将在几十个小时后揭晓。"

我当时想，在那个时刻，这同样的一句话，是不是通过各国的前方记者，用各种不同的语言说出来，传递到了世界各个角落，而世界各国的球迷又会以什么样的心态来期待这场足球王国的盛宴呢？

3 巴西人的世界杯

>

椅子装好了、球场开放了，
被媒体质疑"星光黯淡"的巴西队进球了，
球一滚起来，
似乎巴西整个国家的问题都消失了。

"我们之所以能举办世界杯，不是因为巴西是新兴国家，不是因为巴西在拉美地区经济领先，一切只是因为，巴西是巴西。"

"所以，也许巴西确实在筹备工作中不理想，让国际足联乃至全世界的球迷都为我们捏了一把汗，但是等到世界杯真的开始的那一天，你就会看到，我们和其他国家有什么不一样，为什么只有五星巴西才配得上'足球王国'这个称号。"

这是我在制作《巴西你准备好了吗》这个系列专题采访一名巴西体育记者的时候，他告诉我的。本来觉得他是过度的爱国主义，为巴西世界杯筹备工作的各项拖沓找借口，我只是把他的话作为平衡报道的一个同期声，因为我们也确实需要正反两方面的观点和看法。

而开幕式那天，一切都有了最好的答案。

没有罢工、没有游行示威，之前联合会杯反对世界杯的呼声似乎在开幕式开始的那一秒全部消失了。筹备虽然拖沓，但是他们在最后一刻建好了机场，建好了球场；球迷抱怨机票价格太高，他们在最后一刻控制住了恶性竞争的票价；没有指示牌找不到路标，一个个世界杯官方路牌似乎在一夜之间竖了起来，一个个身穿蓝色衣服的志愿者微笑着用不怎么流利的英语问你，有什么需要帮助的；球队没有明星，不被看好，甚至斯科拉里也在最后一刻训练好了队伍，这支被称为最差的巴西国家队年轻的小伙们空前团结。椅子装好了、球场开放了，被媒体质疑"星光黯淡"的巴西队进球了，球一滚起来，似乎巴西整个国家的问题都消失了。

6月12日那天开始，这个国家只剩下了一个词语，那就是足球。

我记得那一天每一个巴西人的笑脸。

开幕式当天，我和摄像打车去市里，出租车司机一路乐呵呵笑开了花，对我说："我亲爱的小女孩儿，世界杯要开始了，我们巴西队是最棒的，你会支持我们的吧？"

我问他："一会儿准备去哪儿看球？"

"出租车站啊！揭幕战一定要看，我们巴西队一定会赢！"

巴西城市里一般有好多出租车站，是出租车排队待客的地方，通常有一个小屋子，里头有洗手间、饮水机等。司机告诉我，早在上个月他们就在出租车站里装好了电视机，虽然比赛期间他们还要工作，但是同样不会耽误看球。

我一边和司机闲聊，一边看着窗外，这是世界杯到来时候的巴西。

沿途大大小小的道路街区都是世界杯的装饰，餐厅酒吧甚至是住宅门口都挂上了巴西队的旗帜。很多巴西人把自己的车前盖涂上了巴西国旗。我们首先来到了这位出租车司机的据点。

"虽然比赛期间要工作，但是我们也是巴西人，如果有人叫车的话，我们肯定会马上出去工作的，但是我希望比赛期间没人叫车。"

公交总站也是同样的情况，工作人员都挤在一个有大屏电视的楼梯上看球。平时通常手扶电梯满满的，楼梯几乎没有人走动，而今天两旁的电梯空空荡荡，少有人乘坐，中间的楼梯却挤得根本没有空隙。

只要有巴西队的比赛，巴西就全国放假半天，一部分不需要工作的巴西人选择在酒吧看球。司机带我们去了巴西利亚一家最著名的老字号酒吧，这里是球迷的集中地。比赛还没开始，面积并不大的酒吧已经是一片黄绿色的海洋，球迷们都是全副武装来到这里观看揭幕战。酒吧有专人为前来看球的球迷提供化妆等全套服务。画上黄绿色的眼影，贴上巴西队的国旗，再买一顶啤酒造型的帽子，几分钟一个专业啦啦队员就出炉了。

"我们带来了很多巴西队的旗子和小号等来给巴西队加油，当然也不能少了啤酒。这届巴西队非常棒。"

比赛开始了，我们赶去摄像的一个朋友家，摄像说要带我去见识一下正宗的巴西家庭式看球，那才是地地道道巴西人看球的方式。由于比赛已经开始，大街上几乎没有一辆车，司机也不和我们聊天，全神贯注地听着广播里的比赛解说。随着解说员语调的变化，司机的情绪也是大起大落，时不时地跟着解说员大喊："内马尔，快点，内马尔"！好像他真的看到了比赛一样。

我们的车路过一个加油站，这里的工作人员也齐刷刷地穿着巴西球衣守着一个小小的电视机。五六个工作人员穿着清一色的巴西队服，像小学生一样排排坐，守着一个非常小的黑白电视机，聚精会神地盯着比赛。

当我们终于到了摄像的朋友米盖尔家的时候，在门口就听到里面人声鼎沸，我们挤进去的时候，没有人和我们打招呼，刚准备把烤肉放进嘴里的，停住了手；刚准备再倒上一杯啤酒的放下了酒瓶；帮大伙儿烧烤的放下了手中的烧烤棍，十几个人同时屏住呼吸，目不转睛地盯着大投影屏幕。

巴西队点球！

"Goal！！！"所有人跳起来，互相拥抱互相干杯，球进啦！所有人扭动着舞步，倒着啤酒，去烧烤台拿烤肉，啤酒泡沫洒落一地，屋里瞬间从"静音"模式切换为最大声响模式。

这就是巴西，这就是巴西人对足球的狂热。巴西之所以能举办世界杯，是因为巴西是巴西！这场集体派对从今天起盛大开场。

而并没有完整看完这场比赛的我们，把这一切记录了下来，当天的体育新闻里播出了这条《巴西人在哪儿看球？》。我的微信响个不停，几乎所有的朋友都发来微信说，在电视上看到这条新闻了。不仅仅是巴西人，我中国的小伙伴们也开始看球了，全世界都进入了世界杯时间。

"世界杯快乐！"这是传送完这条《巴西人在哪儿看球？》后，摄像举着啤酒和我干杯时说的。我在朋友圈发了一张照片，写道：

"Let's Party！"

4 我要买10号球衣

>

"Eu sou brasileiro,com muito orgulho,
com muito amor！"
（我是巴西人，
带着很多骄傲，还有很多爱）。

在世界杯开始前，我就一直在琢磨，到底要买几号球衣。

如果换作是 2002 年，可能我会挑花眼，罗纳尔多、小罗纳尔多、卡卡，数都数不过来。而这届巴西队确实"星光黯淡"，没有一个我特别喜欢的球员，虽说我是巴西队的铁杆粉丝，但买几号球衣这事真是难住我了。

虽然我是从 2002 年才开始疯狂热爱足球，但也不是只爱帅哥的伪球迷，好歹也算是高三时都会深夜爬起来，看西甲联赛的半专业球迷，说到球衣却是捉襟见肘。我一共有两件球衣，都是两个奇怪的号码。

一件是我热爱的皇马队球衣，不知为何，阴差阳错，居然印的是 1 号。这得是多么地不靠谱，才能在一件非守门员的球衣上印上 1 号。

另一件球衣是有一次和体育部长一起去看帕尔梅拉斯队比赛的时候，他送给我的。我满怀好奇地打开球衣看看到底是几号的时候，神奇的事情再一次发生了。又是一个奇怪的号码，这一次是：8 号！

绿色的帕尔梅拉斯队的球衣上用拼音印着我的名字：SUN QINGYUE，本来部长大人送的球衣还这么有诚意地印上了自己的名字，应该满心愉悦道谢，但我匆匆道谢后，实在忍不住问部长，为什么是 8 号？部长一脸诚恳地说，我知道你们中国人最喜欢 8 这个数字，恭喜发财的意思嘛。我真是觉得也许我和这个世界上的球衣都没有缘分，怎么就没有一件正经的"球衣"呢。

所以这一次，我非常谨慎，谁送我球衣都不要，一定要自己好好挑一挑，认认真真买一件铁杆粉丝的巴西队球衣。可就是这买几号，又一次难住了我。

一直到我去现场看第一场巴西队比赛的时候，我都还没有一件巴西队的球衣。只好买了一个黄绿色的发带戴在头上，证明自己对巴西队的热爱。

巴西对阵喀麦隆。

我永远记得这场比赛，永远记得巴西队的主场是多么势不可当，这是本届世界杯我看的第一场巴西队的比赛。

从酒店去球场需要步行大约 40 分钟，世界杯期间酒店紧张，我们提前了好久才订到距离球场不算太远的酒店。平时 40 分钟的路程，世界杯期间在浩浩荡荡的球迷大部队里怎么也要走上 1 个小时。我们提前 4 个小时就开始准备，除了和摄像老师确认带好了机器之外，我一丝不苟地绑上了前两天在路边小店买的发带。黄绿发带是最简单并且可进可退的球迷装备，作为一个外国记者，在媒体中心脸上画个巴西国旗，或者穿件巴西球衣毕竟不是非常合适。更何况，看球也是工作，出镜的时候，发带是最快能摘下，一秒变身正经投入工作的球迷女记者的最佳装备。

提前这么久出发，还有一个重要的原因就是想要真真切切感受一下世界杯巴西球迷的主场氛围，毕竟球赛不是从吹哨那一刻才开始，对于球迷来说，在走向球场的路上，已经是节日的开始。

和摄像老师一路步行前往球场，眼睛已经被一片一片的黄绿色晃晕，巴西人实在是很有创意，一路上没有人不精心装扮。我最喜欢男人头上戴的大啤酒杯帽子。帽子的形状是一个超大的带把手的啤酒杯，啤酒的黄色正是巴西队的颜色，帽子做得非常逼真，黄色上面还做了形状不一的白色泡沫。一路上我都在寻找哪儿有卖这样的啤酒杯帽子，都没有看见，问了路上一个球迷才知道，他们从一两个月前就开始准备装备了，这些啤酒杯帽子是他们在网上订购的。我一脸失落遗憾地说谢谢，那个戴啤酒帽子的巴西球迷突然说，没关系，这些都是 made in China，你们中国就有卖啊。

　　一路边走边拍照，和那些装扮得稀奇古怪的球迷们合影，好像这场球几比几已经不重要了，或者说好像巴西队已经获胜了，球迷们一路唱歌一路拍照，又蹦又跳地走向球场。我和摄像到了媒体中心领了球票以后，离比赛开始还有两个多小时，我就吵吵嚷嚷着要去看台。巴西利亚国家体育场就像个大迷宫，从媒体中心走上走下，左拐右拐好几圈才到了看台，而一进看台，耳边传来"嗡"的一声巨响，像无数个爆竹同时炸开一般，而且声响一直持续连绵不断。

　　这就是巴西队的主场。黄绿色的人儿汇成了一片大海，汹涌澎湃。

　　没有人在座位上坐着，所有人，所有黄绿色的人儿，举着或大或小的国旗，在看台上唱唱跳跳，做着人浪，一会儿齐声唱球迷歌，一会儿整齐划一地喊着："Brasil, Campeao do mundo！"（巴西队，世界冠军）

　　媒体看台上的记者们一般都很职业化，之前的比赛从来没看到有人情绪激动，大喊大叫的，但是这次，我们旁边坐着两个日本 NHK

的女记者，脸上贴着巴西国旗，在球员进场的时候，两个日本女生和媒体看台上几乎大部分的记者，全都欢呼起来。巴西队的主场，力量震慑人心，这些每天睡三四个小时的记者们，也被感染了，一起为巴西队疯狂。

唱国歌的时候，全场的巴西人，集体起立，每个人都像是用尽自己最后的力气，撕心裂肺地喊着巴西国歌。很多巴西人，都被这全场国歌大合唱的雄伟壮烈所感动，很多姑娘们流下了眼泪。转播照例给了小球童们几个镜头，巴西的小女孩儿球童，唱得和球员们一样用力。那个经典的画面，一直在脑海，后来我发在了微博上，写着"That's why I love Brazil."（这就是我爱巴西的原因）巴西的国歌很长，受时间限制，只会奏第一段，但广播里奏完第一段，全场球迷接着唱，没有人停止。没有音乐伴奏，巴西队场上11人，加上教练、替补球员，以及整个国家体育场，一起把一整首巴西国歌唱完。这就是传说中的足球王国，这就是足球作为整个国家信仰的力量。整个媒体席都为之动容。一个报道过很多届世界杯的德国记者说："只有巴西，因为巴西是巴西。"

这场比赛胡克上场，和内马尔配合，有效拉开防守队员，使内马尔更靠近禁区。果不其然，17分钟，Goal！！！

内马尔！
全场沸腾起来。上一场巴西0:0战平墨西哥，球迷们虽说还是信心满满，心总是揪着的。这下内马尔在开场就早早进球，国家体育场的球迷们更是放下包袱，一片沸腾，一片欢唱。

"Eu sou brasileiro,com muito orgulho,com muito amor！"（我是巴西人，带着很多骄傲，还有很多爱）

这是整个世界杯期间，巴西人唱得最多的一首歌。电视台拿它做宣传片的背景音乐，就像阿根廷输了，全世界的电视台都会用《阿根廷别为我哭泣》做背景音乐一样。大街小巷、电台、商店，甚至是球迷自己家里，都被这首歌的旋律缠绕。而我每次听到这首歌，都和第一次听到一样感动。世界杯期间去拍一个流动球迷车的故事，车上装着音响，车主开着球迷车载我们一圈，问我喜欢什么歌，我毫不犹豫地点了这首歌。这是属于巴西世界杯的声音。

当大家还沉浸在内马尔进球的喜悦中无法自拔的时候，喀麦隆队抓住巴西定位球防守的漏洞把比分扳平。眼看着比分被扳平，全场球迷给巴西队的加油声更加撕心裂肺了。而十几分钟以后，内马尔，又是内马尔的一球，奠定了巴西队整场的气势和胜利。

这位巴西队里唯一的明日之星，在如此星光黯淡的国家队里孤独地闪耀着光芒，没有让球迷失望。他在左右边路、禁区周围的活动极具威胁，他的带球跑动、过人，在禁区前富有创造力的传球和射门，看得我如痴如醉。在我印象里，这是 2002 年全明星巴西队的踢法，这支不被看好的国家队，有了内马尔，依旧和他们骄傲的前辈一样，踢着漂亮的足球。

"内马尔！内马尔！内马尔！"全场高喊着内马尔，这位年仅 22 岁的巴西天才是这个国家的英雄。我被内马尔眼花缭乱的动作所折服，这才是真正的巴西队，同时我更为全场球迷持续高喊内马尔的声音所动，它远远超越了人们对于一个足球明星的热爱。这一幕成为 2014 年巴西世界杯给我最深的记忆。

10 号！

我决定了，我要买一件 10 号巴西球衣，印上 Neymar 的名字。

来纪念我对巴西世界杯的全部感情。

5 因为足球，一个国家沉默了

>

场上的球员哭了，巴西队哭了，现场的球迷哭了，
这个国家的巴西球迷哭了。
足球曾为这个国家赢得无数荣耀与尊严，
而今天也是因为足球，一个国家沉默了。

世界杯之前，我们设想过一切关于巴西队不好的结局。

场馆拖沓导致世界杯无法按时举行；巴西人反世界杯游行，激烈
的暴力犯罪事件严重影响比赛的正常进行；巴西队踢得太差以至于小

组赛未能出线；巴西输给了阿根廷；甚至阿根廷在巴西本土捧起了大力神杯。虽然最后一个可能性差一点就实现了。

但是我从来没有想过，巴西队会输得如此惨烈，输得一点颜面都没有，输得这支最年轻的巴西队的男人们像男孩儿一样哭泣。

1:7！

7月9日，世界杯首场半决赛，巴西惨败给德国，30分钟内丢了5球。

这是我从世界杯开赛以后第一次回到圣保罗的大本营，在站里看了巴西队的直播。那天我值责编班，下午大家一起在站里围着电视看比赛。0:1，站里的德国球迷同事兴奋起来，而我们并没有焦虑。紧接着0:2，站长走出办公室让我给在贝洛现场的记者打电话，如果巴西队输了，一定要关注好现场情况，看有没有暴力事件，做好动态报道。我刚给贝洛的记者打完电话回到电视机前，0:3，给里约站记者打电话，巴西很可能输，世界杯出局，让里约站记者做好报道。挂上电话，还没回到电视机前，德国队又进球了，0:4，给巴西利亚的记者打电话，巴西很有可能大比分输球，要关注民众会不会不满，有没有游行，政府方面有没有表态。

这场比赛前30分钟的记忆是，我一直都在不停地打电话，给各路在前方的记者打电话。等所有工作都安排好了，回到电视机前已经是 0:5 的惨败。巴西球迷愣住了，脸上难掩失望，眼泪挂满脸颊。上半场德国队血洗巴西。

办公室在圣保罗最主要的街道保利斯塔大街附近。中场休息，我们下楼看巴西球迷有没有极端的行为，然而楼下却静悄悄的。办公楼前台有一个电视机，那个电视机上的比分 0:5，巴西人用胶条把 5 贴了起来。前台小姐、保安等一脸失望地说，他们不想看到德国队到底进了几个球。

比分最终定格在了 1:7。赛后大卫·路易斯接受采访时泣不成声，他说对不起所有球迷，对于这样的结果他非常非常难过，足球对于巴西这样的国家如此重要，但我们没能改变场上的局面。梦想结束了，但是我不会放弃。"我们本来想给人民带来快乐，让每个巴西人脸上带上微笑，但没想到竟让大家煎熬，对不起大家，对不起所有的巴西人。我们这么努力地准备这届世界杯，是因为知道足球对于巴西来说有多重要。"

场上的球员哭了，巴西队哭了，现场的球迷哭了，这个国家的巴西球迷哭了。足球曾为这个国家赢得无数荣耀与尊严，而今天也是因为足球，一个国家沉默了。

巴西电视台的解说说，这是比 1950 年更惨烈的灾难。在这个热爱足球的国家，我的好多朋友都把电视关了。世事无常。

比赛结束后，国内很多朋友发微信给我说，巴西队输了，球迷肯定很激动，街上太危险，让我注意安全，别出门了。

那天正巧和保利诺教授约了晚饭，时间换来换去，最后约到了巴西队半决赛这天。想到过也许巴西输给德国，但是怎么也没有想到，会以这样惨败的结局收场。一直盯着手机，不知道保利诺教授会不会取消晚上的饭局。到 7 点手机也没响。

打车去约好的餐厅，一路上和司机聊巴西队的惨败，司机说 0:5 的时候他就把收音机关了，这不是我们的巴西队。7 点的保利斯塔大街一片静悄悄，空空荡荡的路上零星的有几辆车开过。没有球迷骚乱，没有暴力事件，没有焚烧国旗，巴西一片安静。

脸书上疯传一张球迷焚烧巴西国旗的照片，说圣保罗已乱成一团，甚至有一些中国的网络媒体也转载说圣保罗骚乱。媒体的不实报道充斥着网络，而真相是，巴西整个国家陷入了巨大的沉默。出租车司机说，他不知道怎么表达现在的心情，他不知道巴西队怎么了，他说他相信所有的巴西人都和他一样，其实他们已经出离愤怒，但更多的是愣住了。

约好的意大利餐厅里，三三两两的巴西人，沉默地喝酒。大家说得最多的一句话是，我没有办法相信这是真的。很久没有见到保利诺教授，见面寒暄后，话题围绕着巴西队的惨败。有人说这是斯科拉里的责任，有人说内马尔受伤巴西队就散了，但这些只是技术上的原因。巴西球迷情感上不能接受，五星巴西队就以这样的方式倒在德国战车下。

我问保利诺教授，外界都觉得巴西队输了，一定会有球迷骚乱，甚至是暴力事件，为什么现实会是这样？

"我们可以不喜欢我们的政府，花大钱办世界杯，太多的贪污腐败，所以联合会杯的时候我们上街游行，我们示威抵制。但是我们深爱着巴西队，巴西队场上的球员替我们在球场上拼搏，替我们实现冠军的梦想。之前我们也许会抨击某些球员，抨击教练，但是今天，当我们的球员赛后泪洒球场的时候，我们不会游行，不会骚乱，我们能做的只是静静陪伴着他们。"

"球队总有困难的时候，虽然我们这么想赢，这么想在本土捧起大力神杯，但是在球队最艰难的时候，我们一定会和他们站在一起。"

这是巴西队的球迷，我这才理解了为什么说巴西队拥有世界上最好的球迷，不仅仅是拥有万人高喊内马尔的场景，更重要的还在于，在巴西队输了，输得那么惨烈的时候，球迷们依然不离不弃。

有一个段子，巴西人经常说给外国人听。他们说，我们巴西人什么都可以换，换城市、换工作、换老婆，但是永远都不会换我们支持的足球队。这虽然是一个笑话，但是足以表现巴西人对足球的绝对忠诚。

三四名决赛，我也去现场看了，巴西队 0:3，输了。巴西队的谢幕演出，如游魂一般。那天结束，巴西队离开了世界杯。世界杯结束后，很多朋友问我，对这届巴西队怎么看。

我在朋友圈里写："陪伴巴西队走到了世界杯的最后一场，在这里看巴西对阵喀麦隆全场高喊内马尔，也在这里看游魂巴西队 0:3 输掉三四名决赛。经历了决赛的 1:7、0:3，可我还是好爱这支巴西队。我对巴西队肤浅的爱变成了还盼望未来的真爱。"

PART - 04

桑巴究竟
是什么样子

Samba

>>>

―――

"如果你觉得桑巴就是狂欢节女郎，
那么抱歉，你并不真正懂桑巴。"

1 跳桑巴的原来是"广场舞大妈"

>

这哪里是什么桑巴学校，
明明就是巴西的"广场舞"基地！
哪里有什么桑巴女郎，
全都是一个个腰肥臀圆的巴西大妈！

很多年，我都一直以为桑巴舞学校真的是一个学校。

而跳桑巴的都是桑巴女郎。

狂欢节就要到了，从来没亲身经历过狂欢节的我当然是兴奋异常。

一个周日，保利诺教授邀请我去参观一个桑巴舞学校的彩排。终于可以提前一睹这个狂欢国度的桑巴表演了！我甚至还美美地想，既然是要去桑巴舞学校，还可以顺便让舞蹈老师教我几招桑巴舞入门，回头也可以在狂欢节上扭动扭动。因为实在没有舞蹈细胞的我，一直在发愁如何参与到这年巴西狂欢节的热烈氛围中。

周日早上收到保利诺教授的短信，说晚上 11 点，我们一起去。

晚上 11 点？这不是桑巴舞学校吗？如果说这是一场表演还可以理解，巴西人都是夜生活动物，晚上的活动都非常晚才开始。也不是在酒吧，因为一般酒吧聚会 11 点人绝对到不齐。可是巴西的学校一般都是早早放学，小学到中学巴西人都只上半天课，大学虽说有晚上的课程，那是因为很多本科生白天要打工，他们白天根本就没有课。所以我就更不能理解这明明是个桑巴舞学校，为什么却搞得和夜店一样。

到了晚上 11 点，和保利诺教授还有其他朋友一起来到圣保罗偏郊区的一所桑巴舞学校。学校外观虽简陋，看起来倒是很大，像一个两层楼的厂房。我们把车停在附近，就听见"厂房"里震耳欲聋的鼓点声。进去以后才发现，这哪里是什么桑巴学校，明明就是巴西的"广场舞"基地！环视一周，匆匆把舞蹈学校从上到下扫了个遍，哪里有什么桑巴女郎，全都是一个个腰肥臀圆的巴西大妈！

"这是桑巴舞学校？？"鼓点声实在太大，我扯着嗓子凑到保利诺教授耳边大喊。但他还是没有听见我在说什么。

呈现在我面前的，毫不夸张地说，就是一个规模庞大的广场舞场地。无论是从形式，参与人群的年龄、身材比例还是人数和场地来看，这分明就是巴西版的广场舞。数百名大妈排着整齐的队伍跟着巨大的鼓点声，整齐划一地扭动着，时不时变换着队形，转着圈。印象里只有"广场舞大妈"，没有广场舞女郎吧？所以巴西的广场舞场所，也看不见桑巴舞女郎。唯一不同的是这里的广场舞有乐队，不是收音机喇叭凑数，还有活动时间是晚上 11 点以后。也许因为广场舞是中国大妈们的娱乐项目，我脑子里形成了固化的印象，所以认定这里都是"广场舞大妈"。但当我再定睛一看，嘀，不仅有大妈，还有巴西大爷们。

所以，桑巴舞学校就是在巴西的深夜，一群穿着统一桑巴舞学校T 恤的大爷大妈们的广场舞？

"在巴西，每一个女孩儿年轻的时候都想成为狂欢节女郎。"桑巴学校的负责人带我们参观这两层楼的厂房时对我说。

这个桑巴舞学校已经有几十年的历史了，坐落在圣保罗的郊区，虽然巴西人把这里称为桑巴学校，但其实这里并不是我们一般意义上理解的教你如何跳桑巴的学校，甚至它都不能称为学校，更像是一个贫民阶层的俱乐部。每周五、六、日开放，前来跳桑巴的大多是附近的居民。而因为这里地理位置偏远，住在附近的都是中下阶层，甚至是贫民窟的居民。

不同于中国的广场舞，桑巴学校需要盈利，至少是需要收支平衡的。每位来桑巴学校跳广场舞的人要付 10 雷亚尔，相当于 30 元人民币的入场费。而学校里面也没有老师，大伙儿都是跟随乐队的音乐，自然而然就跳起来了。

可是，我明明在电视里看到的狂欢节表演都是丰乳肥臀的桑巴女郎啊，怎么瞬间就变成了跳桑巴的大爷大妈了呢。我差点就揉揉眼睛，以为真的是我看错了。

"那些你看到的里约狂欢节上的桑巴女郎都是职业桑巴女郎，这一行竞争非常激烈，姑娘们不仅一整年都会在酒吧、夜总会等场所练习、表演，为了让自己看上去更丰满曲线更凹凸，大部分还会进行不同程度的整形。"

原来只有少数人是以桑巴舞为职业的，这些职业桑巴舞女郎经过激烈竞争，在狂欢节期间会代表某一个桑巴学校进行表演，也参加狂欢节女王的竞争。而狂欢节的大群体，跟着桑巴学校花车参加狂欢节游行的大部队却真真实实是这些中下阶层的大爷大妈们。桑巴本身就是一种黑人舞蹈，是最早被贩卖来巴西的黑人奴隶，为排解贫苦生活的压力而创造的一种舞蹈，后来才慢慢地演变传播开来，变成了著名的桑巴舞。

在巴西有一部电影叫作《我是黑人，我不会跳桑巴舞》，讲述的就是一个具有黑人血统但是不会跳桑巴舞的巴西人的故事。故事的主人公帕特里西奥的祖父是一名创建桑巴舞学校的黑人，然而出生在圣保罗一个高收入居民区的帕特里西奥从小接受中产阶级教育，不会跳桑巴舞。即使在桑巴舞已经走向国际化，受到越来越多世界各地民众喜爱的时候，甚至巴西著名的桑巴舞者登上纽约林肯艺术中心比比皆是的时候，它的黑人文化根基都没有变，它的中下层群众的社会基础也没有变。桑巴舞并不只是我们看到的里约狂欢节上惹火的桑巴女郎，它扎根在巴西中下层社区里，是巴西底层文化的代表。

"商家们靠狂欢节赚钱，桑巴舞明星们靠狂欢节出名，但是桑巴舞的灵魂却在我们这里，我们通过桑巴释放贫苦生活的压力，表达我们的心灵。而桑巴从源头上就是这样的，这才是桑巴的灵魂。"

正当我琢磨着桑巴学校负责人这番话的时候，保利诺教授一语道破了我之前的困惑。

"如果你觉得桑巴就是狂欢节女郎，那么抱歉，你并不真正懂桑巴。"

2 桑巴就是全部，是我的生活

>

"桑巴就是全部，
是我的生活，
没有桑巴就没有今天的我。"

"桑巴对你来说是什么？"

中心站策划了一个拉丁之舞的选题，而我恰好负责巴西桑巴这一集。这个系列主要是想通过人物故事来展现热情奔放富有活力的拉丁之舞，而桑巴又是其中最具代表性的舞蹈。我们的雇员宝拉帮我联系了一个里约狂欢节的桑巴女郎，她从小就参加狂欢节，而这一年的狂欢节上她被一所桑巴学校选为狂欢节缪斯。而她的父亲是巴西非常有名望的桑巴乐大师。

照理说，这样一个桑巴家族的故事做出来应该很好看，也可以说是里约桑巴精神的一个浓缩。我们去了这个桑巴女郎的家里，进门就能感到音乐世家的味道，但是当我们架好机器开始做采访拍摄，让她和我们聊聊她和桑巴的故事，她说出来的东西却是干巴巴的。这个家境良好的姑娘，从头到尾能说的就是，因为她的父亲，所以他们全家都非常喜欢桑巴，所以她每年都参加狂欢节，现在桑巴就是她的工作，没有更多了。

从她家里走出来的时候，我一直在想这么一个完美的采访对象，这么一个完美的桑巴家庭，我居然不能从里面做出一个桑巴故事。我对自己也产生了深深的怀疑。回来之后，回看了一天采访的素材，硬要完成任务交差也不是不可，加上一些狂欢节的画面，一个美丽的桑巴女郎，怎么也能凑出一个三分钟的故事。但是，一切都浮于表面，这就是观众不用看我的片子，也能大概想到的桑巴的样子。但，我始终认为桑巴不仅仅是这些。桑巴不仅仅是跳广场舞的桑巴学校，也不仅仅是狂欢节参加表演的桑巴舞女郎，这些都是桑巴非常流于表面的东西。拉丁之舞，究竟什么样的故事才能真正展现出桑巴的样子和它所包含的灵魂呢？

我在 YouTube 上搜各种桑巴舞的视频，各式各样的桑巴舞表演，各个年龄层的人跳的桑巴，才发现原来桑巴可以是集体狂欢，可以是双人对舞，也可以是一个人的舞台。它像一个切割的完美水晶一样，每个面都闪烁着耀眼的光芒。也就是在 YouTube 上，我看到了比利斯科的一个 MV。

一个戴着男士巴拿马草帽的黑人从一辆缓缓驶入里约市中心的电车上跳下，转个圈，在街头跳着一个人的桑巴舞步。在这个过程中，他有时候自己一个人跳，有时候周围的行人融入进来，MV 里的音乐简洁明快，这个黑人随着音乐节奏的时快时慢变化着让人眼花缭乱的舞步。只有三五分钟，最后这个黑人跳上另一辆电车，呼啸而去。

桑巴应该是这样闲散、灵活、随意但又富有创造性的东西，是普通人能够在街角随时随地起舞的街头舞步。我要做的应该是这样实实在在贴在大地上的桑巴，这也许才是桑巴舞的灵魂。

我通过各种途径找到了这位 YouTube 视频里的主角，他是土生土长的里约人。比利斯科在市中心和两个朋友合租了一个简单的公寓，我们去的时候这两个朋友都没在。他的两个室友一个是阿根廷人，一个是古巴人，都是来里约热内卢追逐音乐梦想的年轻人，他们合租在一起，一起组合乐队，一起编舞。

对于在里约贫民窟长大的桑巴舞者比利斯科来说，桑巴是什么，也并不是一个清晰的概念，这位现在登上过欧洲大舞台的桑巴舞者 20

岁的时候还在电脑公司打杂。

"我之前在一家电脑公司打杂，做一些简单的工作，和桑巴没有任何关系。我是从贫民窟出来的，之前和家人都住在贫民窟里，条件非常差。"

22 岁那年，他做出了一个重要的决定，就是放弃当时毫无希望的工作。他说继续做下去，也许他的家人的生活可以维持，但是所有的意义仅仅是赚一些维持温饱的钱。他决定专心跳桑巴。

"我从十几岁的时候就迷恋桑巴，但是很多人说艺术没有未来。"

桑巴是世界上节奏最快的舞蹈之一，每分钟可以达到 52 ～ 54 节拍，桑巴舞以上下抖动腹部、摇动臀部为主要特征，桑巴舞曲也是拉丁舞曲中节奏最快、变化最多的曲调。伴随着浓郁拉丁风情的桑巴舞曲，舞者给桑巴舞步注入自己对于乐观、狂欢精神的解读。眼花缭乱的舞步对于比利斯科来说驾轻就熟。当然这样娴熟而赋有创造性的舞步也不是一天练成的。

"那些日子非常艰难，有一些高级的舞会是很好的练习场所，但入场就非常昂贵，我进去买不起饮料，就只能去洗手间的水龙头上接点水喝，再接着出去跳。"

辞职专心跳桑巴的比利斯科一开始进入了专门的培训班学习，成为那个培训班的舞蹈老师，再后来成为狂欢节著名桑巴学校的编舞，直到他走上意大利的国际舞台。

比利斯科说，不管那些起步的日子有多么艰难，像他这样生活在贫民窟的孩子和桑巴有着天生的联结。桑巴的源头就是一种黑人舞蹈，16—18世纪，被葡萄牙人贩来的黑人奴隶将他们的舞蹈带到了巴西。生活在巴西中下层的贫民通过这种表现力极强的舞蹈，释放贫苦生活的压力。它充满动感和韵律的舞步很快传遍了整个巴西，它独具的热带风情也风靡了世界。

我们去科帕卡巴纳海滩上拍摄一些比利斯科跳舞的镜头，比利斯科刚舞动起来，大批海滩上的巴西人就加入其中，一场海滩桑巴狂欢即刻上演。有一个女孩儿走过来和我们说，她曾经是比利斯科的学生，她是巴西南部人，她搬来里约热内卢就是为了桑巴。这是属于桑巴的城市。

直到我们来到里约热内卢的海滩上，看到这些在海边起舞的巴西人，萦绕在脑中的关于桑巴除了是一场盛大的表演之外，对于巴西人来说到底还意味着什么的疑问，终于逐渐清晰。

"用一个词来形容桑巴，就是快乐，对，快乐。"
"是生活，我生活的一切都是为了桑巴，这也是为什么我来到里约。"
"是内心的东西，是一种感觉。"

"是幸福。"

"桑巴对我来说就是全部，它是我的生活，我的艺术。桑巴、海滩、狂欢节，在一起是完美的融合。"

我用了比利斯科的一句话作为《拉丁之舞》这个片子的结尾。他说：

"桑巴就是全部，是我的生活，没有桑巴就没有今天的我。"

3 桑巴的另一张面孔

>

里约热内卢的仲夏夜，
一边流汗一边喝酒吃肉，
迷迷糊糊听鲍里尼奥先生唱桑巴，
这就是桑巴的样子，
这就是巴西最真实的样子。

做完《拉丁之舞》系列的桑巴舞步，我开始对巴西桑巴着迷。我把特别节目的播出版给保利诺教授看，虽然他听不懂中文，但是依然看得兴致勃勃。然而，看完整个片子，他说，桑巴还有另一张面孔，你也应该去了解。

我们一般认识的，在国际上表演的，都是桑巴舞蹈，舞蹈是一种更具舞台表现力的艺术形式，而桑巴之于里约热内卢的普通人，最早却是桑巴音乐。保利诺教授给我介绍了他的好朋友，著名的桑巴乐大师鲍里尼奥先生。

71 岁的鲍里尼奥先生出生于里约热内卢，是巴西家喻户晓的桑巴乐大师，也是伟大的作曲家。他住在里约富人区的一个独栋别墅里，我们去到他家，迎接我们的是一位衣着简朴、白发苍苍的老人。他们家的客厅里摆着一架古董钢琴，一个巨大的书柜里全都是各式各样的唱片。鲍里尼奥先生给我介绍，这些唱片很多都是他的父亲留下来的，有些黑胶唱片都已经绝版，这是他们家族的珍贵回忆。

"我出生于音乐世家，我的父亲是巴西著名的吉他手。父亲在世的时候，每个星期我们家都会有音乐聚会，父亲和他的朋友们一起排练，有时候就是很简单的朋友聚会，大家一起弹琴唱歌，经常就是谁先起了个头，大家一起你一句我一句，哼唱起来，就变成了一首歌。"

鲍里尼奥先生继承了父亲的衣钵，刚开始的时候，他也是因为弹得一手好吉他被大家所熟知，直到现在巴西人都亲切地称鲍里尼奥先生为"弹吉他的鲍里尼奥"。而在音乐之路的起步时期，他就没有选择更加商业化、更著名的狂欢节桑巴乐，因为他说狂欢节桑巴乐只是桑巴众多分支中的一种，是其最著名的一种风格，而桑巴的真正源头桑巴乐民谣弹唱则没有被广泛传播。

我们和鲍里尼奥先生一起去里约的贫民窟社区，他经常去这些地方，和老艺人们交流，和那些上了年纪的民间桑巴艺人一起弹琴唱歌。我们来到贫民窟一户人家家里，鲍里尼奥先生和这一家人非常熟络，这家人的门外搭着一张简陋的长桌子，不一会儿周围陆陆续续过来的人就把长桌子坐满了。鲍里尼奥拿出吉他开始弹，老艺人安东尼奥和他一起先合奏一曲。长桌子上的人们，有人轻轻跟着哼唱，有人用手在桌子上打着节拍，有人起身扭动着身体，像是一场乡村音乐会。

曲毕，老艺人安东尼奥对我说："我自己写了一段曲子，然后拿来社区问鲍里尼奥，这段行吗？就这样我们一起商量讨论，《记录》（巴西著名桑巴民谣）这首曲子就是这么产生的。直到今天，鲍里尼奥还一直来到我们这里，和我们一起唱歌讨论，帮助我们发表我们自己写的民谣。"

鲍里尼奥先生带我们来到这个社区，他说，这里才是桑巴乐扎根的地方，可是现在这里被人们遗忘了。大家都去赚狂欢节的钱，都希望在狂欢节经济里靠着桑巴分一杯羹，但是桑巴乐的源头正在消失。

"我这些年一直在这里，之前这些弹唱古典桑巴民谣的乐手都没有一个乐团，我和他们一起表演，帮他们出唱片，来讲述一些古老桑巴的历史。"

他相信这里的音乐才是桑巴最原始的存在形式。古典桑巴最精髓部分在于它源于巴西人的生活，底层市民用这样的音乐描述他们日常生活的苦闷和欢乐，表达巴西这个民族在历史长河中经历的过往。

　　鲍里尼奥先生花了大量的时间去贫民社区搜集这样的古典桑巴民谣，和老桑巴乐手一起创作新的民谣，他让桑巴融进新的音乐元素，让它掀起了新的流行热潮。在他的努力下，不仅很多古典桑巴乐被传承下来，新的音乐元素加工后的古典桑巴，更是成为这个时代桑巴乐的独特符号。

　　"曾经有很长一段时间，很多人都在说，这样的音乐不够流行，桑巴很快就会消失，我听到过这样的话。但是，巴西最著名的一首桑巴就是古典桑巴乐，直到今天当你走到任何一个地方开始唱'meu coracao……'，人们都会接下去唱。"

　　里约热内卢老城里有很多小小的桑巴乐酒吧，周末晚上很多人会聚在一起，喝酒唱桑巴民谣。桌子椅子从酒吧里排开，一直摆到马路上，三两个桑巴乐手弹着吉他，唱着桑巴民谣。熙熙攘攘的人群喝酒聊天跟着哼唱。这是里约老城里的一幅传统景象。炎热的天气里，冰镇啤酒加上桑巴民谣，里约人靠着它们度过一个个盛夏的夜晚，而里约根本就没有冬天。

　　"我想通过桑巴讲述巴西普通底层民众的生活，他们的生活没有被讲出来，他们的工作是艰辛的，很多时候受歧视，有不公平的待遇，（我遇到过阻碍），但是这些通过桑巴这样的音乐形式留存下来了，不仅改变了巴西的音乐史，也促进了国家往更好的方向前进。"

　　拍摄完工的那天晚上，我们一起来到一个传统的桑巴乐酒吧。保利诺教授说，你必须喝着这里的冰镇啤酒，吃几片刚烤出来的牛肉，在这样的里约盛夏的夜里，一边流汗一边跟着这些乱哄哄的人群一起干杯，唱歌，才能理解桑巴音乐到底在巴西平常百姓的生活里扮演着什么角色。鲍里尼奥先生被粉丝认出，推搡着上台，他唱了一首《我唱桑巴》。

在后来的采访里，鲍里尼奥先生说，这是他最喜欢的桑巴曲子之一，这首曲子里包含了所有他对于桑巴的情感和热爱。

里约热内卢的仲夏夜，一边流汗一边喝酒吃肉，迷迷糊糊听鲍里尼奥先生唱桑巴，这个场景也是我深深怀念的巴西画面。因为，这就是桑巴的样子，这就是巴西最真实的样子。

4 你的人类构成也许和我们不一样

>

> 巴西人说不会跳舞的意思是,
> 不知道或者说没有系统学过某一种舞蹈的舞步和技巧,
> 他们是只要有音乐就能扭动起来的民族。 ■

一个中国人说"我不会跳舞"和一个巴西人说不会跳舞是截然不同的两个概念。

狂欢节临近,我正在忙着寻找有什么桑巴舞速成班之类的课程,可以让我这样四肢不调、五音不全，毫无音乐细胞的姑娘也能扭上那么两下，装模作样地融入巴西人的狂欢队伍，尽情狂欢一下。我以为在这大街上随便拉一个路人都能给你扭上一段桑巴的土地上，桑巴舞速成班还不是比比皆是。

我们在网上找了舞蹈教室。舞蹈教室在沿街的几家小铺子楼上，一个灰暗狭窄的转弯楼梯上去，走过一个窄窄的走廊，原来我网上找的两家舞蹈教室在同一个地方，隔着只有大概 5 米的距离。我惊讶于这里也是在 CBD 附近，怎会如此破烂，甚至有点阴森森的感觉。怎么也不像是 CBD 附近舞蹈教室的硬件。我和琳达小心翼翼地按了一家教室的门铃。

一位中年男子模样的巴西人接待了我们，给我们展示了这里的两个舞蹈教室，一个有二十平方米，另一个甚至不到十平方米。泛黄的地板踩上去有几块木板发出咯吱咯吱的响声。在巴西这么炎热的热带国家，这两个舞蹈教室都没有空调，十平方米的那个教室里，两个摇头风扇呼呼地吹着风。教室里摆着一把椅子，上面放着两个手掌般大小的音响，比我们大一买来放在宿舍里接在电脑上用的小音箱还要差。

我和琳达互相对视了一下，这舞蹈教室的硬件真是差得大大出乎了我们的意料。这里是巴西哎，巴西人那么喜欢跳舞，桑巴舞是巴西人仅次于足球的骄傲，可是连这靠近 CBD 的舞蹈教室怎么都能这么差呢？

接待我们的中年男子给我们拿了舞蹈教室的课表，周一到周日的课程倒是满满当当，除了桑巴和爵士这两种舞蹈以外，其他的舞蹈种类我们几乎都不认识。我们勉强知道的桑巴也不是一个课程的名字，这里光桑巴就有好几种，比如双人桑巴、摇滚桑巴、桑巴脚步动作等等。课程表虽然印在了半张 A4 纸大小的纸上，边缘还有手撕裁成两半的痕迹，但是就这张破烂的课程表已经看得我们眼花缭乱。本来想要来学如何跳桑巴的我们，一来被硬件设施之破烂所震惊，二来连课程表上的舞蹈种类都看不懂，更别说到底要学哪一种了。也不知道哪一种桑巴是我们所理解的"巴西桑巴"。

中年男子看我们一头雾水，便和我们介绍起了这些舞蹈，原来他就是这里的舞蹈老师之一，叫埃莫森。我们说，我们不会跳舞，没有一点舞蹈基础，也看不懂这课表上都是些什么舞，但是想学跳桑巴。埃莫森和大部分的巴西人一样，真诚且热情。一样一样给我介绍了起来，说一大堆还不算，还一种一种给我们示范了起来，一个人在十平方米的舞蹈教室里跳得自我陶醉，跳到高兴处，把我们一起拉进教室，教我们最基本的桑巴脚步动作。

然后，惊人的一幕发生了。

埃莫森数着拍子，告诉我们他数一，我们跟着他向左上方扭胯，他数二还原，他数三，转向右上方扭胯。我们一二三，三个节拍分开做，一点问题也没有，和埃莫森的动作不说有八分相似吧，至少能做到六分。但是当他一二三连着数，要把这三个动作连起来的时候，我们合成的动作和他示范的怎么看都不是一回事。

埃莫森起初还说，让我们放轻松，别紧张，就是把三个分解动作连起来，一点别的秘密也没有。可这三个动作，我们足足和它们较劲了半小时，连起来的动作和我们第一次连起来的一模一样。埃莫森老师自己也震惊了，他说他从来都没有碰到过这种情况。他让我们再做了一次三个动作的分解版，试图找出其中的问题，他一次次看我们非常标准地做着分解动作，但是就是连起来不对。埃莫森都要抓狂了，他说他教了这么多学生，也不仅仅是巴西人，还有法国人、意大利人等等，从来没有见过这样的情况。我们反而安慰他说，我们根本不会跳舞，所以肯定是我们不太行。埃莫森真是急了，一边数着拍子，一边自己研究到底哪儿出了问题，一副研究不出来不罢休的样子，最后他说：

　　"你的人类构成也许和我们不一样。"

　　埃莫森说得特别一本正经，像是终于找出了问题的答案长舒了一口气。这回轮到我和琳达乐坏了，舞蹈班倒是还没正经上，就得出了一个也许我们的人类构成和巴西人不一样的打退堂鼓的理由。也是第一次让我们领教了，桑巴真不是个一般人就能跳，就能学的舞蹈。

　　埃莫森后来说，你们，好像，真的，不会跳舞。我们一开始就告诉埃莫森我们不会跳舞，但是直到看着我们不管是数着拍子还是听着音乐，真的像机器人一样僵硬时，他才真的相信我们一点都不会。后来我们才知道，巴西人说不会跳舞的意思是，不知道或者说没有系统学过某一种舞蹈的舞步和技巧，他们是只要有音乐就能扭动起来的民族。

　　绕了这么一大圈后，我和琳达放弃了学习桑巴的最初想法，和埃莫森讨论后，决定从最容易的巴西舞蹈 Forro 开始学起。这是最早在巴西东北部起源的一种黑人舞蹈，一般是双人舞，是巴西派对上最常见的一种舞蹈。埃莫森说，Forro 很简单，把这个先学会了，有一点舞蹈感觉了，咱们再来学桑巴。

　　当我把我和琳达学不会桑巴的故事告诉费尔南多的时候，他笑坏了，拍着我的肩说，你放心，Forro 你肯定学得会。这最早是巴西东北部的一种集体舞。Forro 是 For all 的音译。当地人不会说英语，For all，For all，最后这种舞蹈就被叫作 Forro。我也没去查证这到底是真是假，费尔南多说：

　　"也许你的人类构成和我们不一样，但是，For all，你怎么也包含在这个 all 里吧。"

5 狂欢节等于一场撕心裂肺的痛哭

>

> 我最美好的青春年华，
> 消失在一场盛大浮夸的狂欢节里。

人生过的第一个狂欢节竟是这样一场撕心裂肺的痛哭，像是要和
25 岁以前的所有过去告别。

萨尔瓦多是巴西的旧都，位于巴西东北部，大西洋托多斯桑托斯
东海岸。这里是巴西最早的样子，不同于久负盛名的里约，除去了商
业元素，这里的狂欢节保持了它的原汁原味，因此它被吉尼斯世界纪

录列为世界最大规模的街头狂欢活动。

我和费尔南多刚下飞机就感受到巴西东北部海滨城市的热带气息，阳光曝晒、闷热的空气和下午接近 40 摄氏度的高温，想象当时第一批葡萄牙人到达巴西的时候，登陆托多斯桑托斯东海岸时，黑色的人种、炎热的天气，应该以为这里是非洲吧。狂欢节要到晚上才开始，整个巴西都是这样，好像只有在舞蹈、音乐加酒精作用下的夜晚，才能尽情狂欢。还有一个下午的时间，我戴上宽边草帽，拽上费尔南多一起去萨尔瓦多古城里转悠。

40 摄氏度的高温，明晃晃的阳光，锃亮的石子路，萨尔瓦多古城，鲜艳明亮。十六世纪的宗教建筑，一大片一大片巴洛克风格的建筑，很多带着蓝色条纹的白墙建筑，散发着浓浓的葡萄牙味道，我惊叹于这样一个直观感受类似于非洲城市的中心，竟藏着一整个文艺复兴时期的欧洲。我拉着费尔南多给我拍照，这里的彩色房子，各式各样大大小小的广场，黑人妇女为女孩子编的细小的辫子，卖饰品、乐器、毯子的小贩，欧洲、非洲以及拉美在这座巴西的旧都里融合，绽放出夺人的光芒。我在整个古城的彩色中摆各种 pose 拍照，一路兴高采烈，开心地大笑，费尔南多时不时提醒我，狂欢节晚上才开始。

夜晚渐渐凉爽起来，找了一家有露天餐桌的饭店吃饭，这里的美食也如同悠久的文化一样丰富多彩。费尔南多帮我点了当地最具特色的一道菜叫 Moqueca，一大盆软壳蟹和虾加入香草、番茄、大蒜、洋葱还有椰奶，用一种非洲特色的棕榈油翻炒，就着椰奶配米饭，真是有一种把眼前五光十色的光影和几大洲丰富灿烂文化融合起来，统统做成美食下肚的爽感。等到天色完全暗下来的时候，满心欢喜，因为我知道一场狂欢盛宴即将登场。

　　和费尔南多回酒店拿上摄像机和三脚架，路上的人渐渐多了起来。狂欢节的主干道附近已经实施了交通管制，几乎所有来狂欢节的人都是从很远的地方就开始步行。夜晚虽没有白天那样的阳光直射，但是闷热潮湿的天气依旧让背着机器的费尔南多走了半小时就气喘吁吁。远远看到大型的彩车，听到了轰隆隆雷点般的音乐，周围已经挤得水泄不通，我得死死盯着费尔南多，否则一不小心就会走失，我们终于到了狂欢大道。

　　数不清的照明灯勾勒出了完美的弧形海岸线，把萨尔瓦多的狂欢节大道照亮成了白天，到处都是拿着啤酒杯的人群，随着第一辆狂欢节音乐电车驶入大道，这座城市开始进入了狂欢模式。音乐电车是改装后的双层巴士，二层是巴西最受欢迎的各种乐队、歌手的现场表演。巴士行驶得非常缓慢，时不时会在某一个点停下表演，狂欢节最忠实的粉丝一定是跟着大巴簇拥着一起又唱又跳的疯狂人群，跟随着巴西时下最流行的音乐摇头晃脑，蹦蹦跳跳，还不忘和身边的朋友以及陌生人干杯喝酒，他们跳的舞蹈也有一个形象的名字，叫作"爆米花"。
　　音乐声、鼓点声、狂欢人群的尖叫声充斥着狂欢节大道，和费尔南多说话需要扯着嗓子大喊。我作为一个不会跳舞，也许人类结构也和巴西人不同的扭捏的中国女孩都被这里的狂欢氛围所感染，不自觉地跟着鼓点，打着拍子。想起一句话，"孤独的人是可耻的"，而在巴西狂欢节，不高兴的人才是可耻的。巴西人在一年中的这个时候，通过狂欢这样的方式，彻底忘记个人以及这个国家存在的各种问题，忘记衰退的经济，忘记持续增长的失业率，每一个快乐的巴西人都置身于一个只有振耳欲聋的电子乐，眼花缭乱的舞步，空气里都是啤酒泡沫的平行世界里。在巴西人看来，狂欢节才是一年全新的开始，忘掉上一年所有不好的事情，从一个只有快乐的真空里开始新的一年，每一个人都通过狂欢节忘掉、寻找、得到自己想要的东西。好像在一个光影的恍惚间，我突然明白了这群聒噪的巴西人。

一般这样的狂欢每天晚上七八点开始，一直要持续到次日早晨五六点。我们自然不能和他们一样放空一切，尽情欢乐。我和费尔南多小心翼翼地挤在人群中，费尔南多拍着画面，我则是看着脚下，满地的啤酒泡沫，地上特别滑，必须小心行走不要摔倒。在狂欢的人群中，对着话筒大喊才能在出镜的时候听到自己的声音。当费尔南多示意我画面拍得差不多，我们就迅速地往回走。狂欢节开幕，我需要赶在朝闻天下时段前把这条片子编好传回中国，我们几乎一点时间都不能耽误，因为回酒店的整条路都挤满了人，只能步行，且非常缓慢。

已是晚上八点，在狂欢节的感染下，我和费尔南多虽然拍摄很累，但是也异常兴奋。到酒店，费尔南多把存储卡给我说，你编吧，我重新加入到狂欢的人群中喝酒去了。因为作为摄像，他的工作任务已经完成。我拿上储存卡和费尔南多道别，上楼工作去了。

上楼从电梯里出来，从包里找出门卡，房门打开的瞬间手机响了一声，收到一封邮件。我拿出手机，没来得及插卡开灯就开始看邮件。是李同学发来的邮件，寥寥几行字。

我们还是分手吧。
祝你找到更合适的人。

那一秒音乐声、鼓点声、狂欢人群的尖叫声都消失了，我觉得整个狂欢聒噪的萨尔瓦多安静得一点声音都没有，我关上房门，在漆黑的屋子里，看着闪闪发亮的手机，和那刺眼的几行字，几乎跌倒在床边。

失声痛哭。

因为终究走的不是同一条道路，既然选择了这条路，就不能害怕会遭遇自由落体，不能害怕没人陪我们一直到天涯海角。因为我们不可能什么都得到。

这就是了，我最美好的青春年华，消失在一场盛大浮夸的狂欢节里。

>>>

———

一路上遇到各种各样有趣的人，
他们都闪着光，
在我二十几岁的道路上显得格外耀眼。

PART - 05

Brazil

那些巴西人
教我的事

1 没有人能永远快乐

>

他关于快乐的理论，
帮助了一个中国女孩，
无论在生活的高潮或是低谷，
都不能放弃热爱生活。

保利诺教授是我认识的最好的巴西人。他是一个最好的人，我想
不出来更好的词。

和保利诺教授其实在北京的时候就认识了，那时候他来北京参加

国际广播电台的一个活动，闺密阿韵负责接待他，我已经知道将要去巴西驻外，所以阿韵叫上我还有李同学和他一起吃了饭，也算以后在圣保罗有个相熟的人。饭桌上，也就是照例寒暄，李同学和保利诺教授说，以后她在那边有什么困难，就要多麻烦您了。并无更多。怎么也想不到，在北京匆匆一见，保利诺教授竟变成了我在圣保罗的亲人。

保利诺教授六十多岁，是圣保罗州立大学国际关系的教授，也是圣保罗孔子学院的巴方校长。他去过无数次中国，巴西和中国距离这么远，但是每年保利诺教授去中国的次数用一只手都数不过来。我时常打趣他，别再飞了，二十多小时的飞机太累了，和你一样大年纪的中国老爷爷都在家里抱孙子了，也时不时问他，你到底什么时候退休。他总是憨笑着耸耸肩说自己没福气，所以还在飞。他将近一米九的大个子，一边耸肩一边憨笑的样子总是让我笑个不停。

还记得我刚到巴西的第二天，他就给我打电话，不容我倒时差就要带我在圣保罗吃喝，他说倒时差什么的都是技术问题，你得适应这里的生活，喜欢在巴西的生活才是更重要的。更好笑的是，第一个周末他就非要开车带我去参观圣保罗的足球博物馆，从头到尾给我讲他们巴西的荣耀，还记得他说，巴西就是足球，所以你到巴西的第一站必须从这里开始。那时候刚到巴西，还在倒时差，晕乎乎地也看不进去什么东西，但是清楚地记得保利诺教授给我讲，整个博物馆里有无数的资料、无数的奖杯、无数的伟大球员，但是只有唯一一段影片播放供球迷们观看。那段影片只有短短几分钟，巴西队捧起过五次大力神杯，但是这座满载着荣耀的足球博物馆播放的却是 1950 年巴西队的眼泪。看完这段影片走出来，保利诺教授严肃地和我说，这才是巴西足球的伟大，你要懂。

也就是这一句话，让我瞬间从中国到巴西的空间位移里走出来，真正打起二十分精神想要认识这个谜一样的国家，巴西足球的伟大在于他们敢在这样一个属于荣耀的博物馆里承认失败，铭记失败。也就是这一句话，让我第一次真正感受到驻外记者的使命感，我不是来这里浪费三年青春的，我是来这里，通过我的眼睛，给大家讲述很多个关于巴西，关于拉美的故事。

看着我似乎有所顿悟，这位一米九的老爷爷才有些满足，后来他说，那天他心满意足地看着一个来自中国的年轻人，燃起想要真正感受他们这个国家的渴望。也不愧是教授，一辈子教学生，看着年轻人成长是他觉得最有成就感的事情。

后来的很长时间都因为出差、采访等各种事情，没有再和保利诺教授吃过饭。直到大半年以后去巴西利亚出差，他也刚好在那儿出差，就一起约饭聊天。很久没见我的保利诺教授第一句话居然是，李同学什么时候来巴西？我愣了五秒钟，脑子里迅速闪过，对，保利诺教授在北京见过李同学，并且，我没有告诉他我们已经分手了。

五秒以后，我生硬地说，我们已经分手了。

这回轮到这位巴西老头愣住了，竟默默低头吃饭一言不发。过了很长时间他终于抬起头说，晴，当初那个说着要我在巴西照顾你的人自己却忘记照顾你了。我听罢眼泪没出息地啪嗒啪嗒往下掉。老头又说，但是亲爱的小女孩儿你要知道，这个世界上大部分时候，友情一直都在。你看，咱们不就还在这里一起吃饭一起分享快乐和悲伤吗？

听他说完我简直要在餐厅里哇哇大哭了。一个多月以来，我一直都沉浸在悲伤里不能自拔，沉默地不说一句话。经常自己一个人默默地流泪。在巴西利亚出长差，除了工作以外唯一一次说话就是给阿韵打电话，说收到了她给我寄的《悦己》，看见了她给我写的字，谢谢她。后来才知道那本杂志，是阿韵老公赵同学从北京寄给她看的，她收到的第一时间就把它寄到我在巴西利亚的酒店，让我一个人别胡思乱想，可以看中国的杂志解闷。多么简单的道理，天没有塌下来，我身边还有这么多好朋友。我眼泪汪汪地看着保利诺教授猛点头，充满感激。

而这个世界上的大部分时候，天都没有塌下来。

在圣保罗驻外的三年里，无论是我想不出选题，联系不到采访对象，工作想要吐槽，还是想去什么餐厅吃饭，想去哪里玩耍，甚至是想要认识新朋友都会去找保利诺教授。而保利诺教授在同时给本科生上课，带研究生，做孔子学院巴方校长，办无数场中巴文化交流活动，帮体育部长搞一堆体育部的事情，中途还有五六次去中国出差，去两三次美国看他女儿的间隙中，乐呵呵地帮我解决着各种问题。不仅仅是帮我，孔子学院每每新来的中国志愿者，他们碰到任何问题，他都倾力相助。某一次吃饭，当我说起我爸爸业余时间会画中国画，他马上认真地问我，是不是有可能帮他在巴西办一个画展的时候，我终于忍不住问他，你到底一天有几个小时。

而保利诺教授却出乎意料地和我讨论起了关于人怎么才能快乐的话题。他说，我们每一个人，没有例外，都不可能一直都快乐。快乐只是一些时刻，我们可以说这一个时刻我很快乐，而不能说我永远都很快乐。今天我们一起吃饭聊天，吃了好吃的饭，聊了很多有营养的话题，在这个吃饭的时刻，我很快乐。一会儿我们回到家，好像就没刚才那么快乐了。

"没有人能做到永远快乐。我们能做的就是尽量让这些快乐的时刻多一些。"

所以，这位快要七十岁的巴西老头一直都兴致勃勃地做着各种各样有意思的事情，认识各种各样有意思的人。这些能让他拥有更多快乐的时刻，这些都是他快乐的源泉。我被这位巴西的老头感动了，即使已然快七十岁，他仍然充满着对生活的热情。

而他关于快乐的理论，帮助了一个中国女孩，无论在生活的高潮还是低谷，都不能放弃热爱生活。

2 你一开始喝黑咖啡，只会觉得它苦

>

"你只有走过很多路，
才能喝出一杯咖啡真正的味道。"

巴西体育部长奥多雷贝洛最不满意我的一个地方就是，我手机里存他的手机号，写的名字是中文的"体育部长"四个字。

和体育部长认识自然是公事。这些年，围绕着世界杯、奥运会，巴西几乎大部分重要的报道都和这两项赛事有关，而巴西政府的官方表态从体育部长这个出口出来自然是最顺理成章的。我记得最早一次采访体育部长是在他的办公室，那时候和他并不认识，参观他办公室的时候惊讶于他的办公桌上居然有一个毛主席的雕像。那是一次我自己通过体育部新闻办公室约的采访，对他的印象也仅仅就是这些，甚至都不记得采访主题是什么了。

后来和保利诺教授吃饭的时候，他说体育部长邀请他一起去看帕尔梅拉斯队的足球比赛，说部长是帕尔梅拉斯队的死忠，问我要不要一起去。那会儿才知道，原来保利诺教授和体育部长是从小玩到大的死党，几乎可以说是最好的朋友，他们也都非常喜欢中国文化。所以，某一个周六，我和闺密 Aline 一起和两个巴西老男孩去球场看球。

我们在部长家集合，保利诺教授发来地址才发现，原来部长家距离我在圣保罗住的公寓也就三四个街区，走路五分钟就到了。一见面，部长就送给我和 Aline 一人一件帕尔梅拉斯队的绿色球衣，写着我们的中文名字拼音，两件小号的衣服上赫然印着两个 8 号。保利诺教授在一旁奸笑说是他告诉部长中国人都喜欢发财的。于是，我和 Aline 两个套上"发财"绿球衣，摇身成为帕尔梅拉斯球队的伪球迷。保利诺教授把车停在离球场很远的地方，我们走过去，一路上很多帕尔梅拉斯队的球迷认出部长，频频拦住他要求合影。我们两个绿衣"发财"姑娘在一旁非常显眼。部长穿着休闲西装微笑着和大家打招呼、合影，亲切得像一个邻居家的老头。

部长和帕尔梅拉斯队的董事是多年的朋友，给我们留了贵宾席的座位，但是一路上部长和我们一起走路绕了大半个球场，从拥挤的球迷隙缝里艰难地挤出去，俨然一个普通球迷。在一片绿色的看台上，我们一起喝啤酒，吃爆米花，看比赛，时不时拿出手机自拍。那是一场非常普通的联赛，结果甚至以0:0收场，但是我们一边聊天一边大笑，部长说，这就是最最普通但是开心的巴西周末。看完比赛，太阳差不多落山了，巴西人晚饭吃得很晚，尤其是周末。部长邀请我们去他家喝咖啡，兴之所至，聊足球、聊世界杯、聊骑马、聊中国，还不知怎么就聊了很多葡萄牙著名的音乐法多。部长是法多的狂热爱好者，那段时间我正好重新找出了著名音乐家玛丽莎的法多专辑在听，所以我们又一起从 YouTube 上找出了好多首经典的曲子，一起边喝咖啡边听歌。到了晚上九点多，我们一群人才出门吃饭，又是喝酒吃肉聊天不亦乐乎。

　　终于吃完饭回家，我和 Aline 都直呼脑细胞费太多，简直比上班还累。一整天加起来，聊了好多好多个小时，而且还不是像熟识的朋友那样，有好多共同回忆或者共同认识的朋友，可以带出很多共同话题。一个巴西教授、一个体育部长、一个中国留学生和一个中国记者，四个过往毫无交集的人，居然也能聊那么久，足球、音乐、生活里的困惑和琐事，发展中国家面临的挑战和机会，部长冲着咖啡，我们叽叽喳喳、吵吵闹闹，这一整天的画面，印刻在脑海里，成为我很长时间的精神动力。

　　有时候，往前走了很多很多路，走到了世界最遥远的国家，会犹豫、会迷茫，会想是不是这个世界无论你选哪条路，其实都殊途同归，抑或是生命的意义根本不在于这些所谓的远方，而在于那些实实在在的柴米油盐。也许作为一个女生，我根本就不需要多大的舞台，一个幸福美满的家庭，一个温馨的厨房就是最好的舞台。时常会想，自己走了那么远，是在朝对的方向吗？

而每次想要往后退的时候，都会想起这一天。如果没有走过那么多地方，没有看过那么多书，没有这一切美妙的经历赋予我们的成长和思考，哪里会有这么多个小时的聊天。如果我只是一个随任家属，只关心家里的柴米油盐，哪里来思想的火花，哪里来那么多干货，哪里来那些有营养的对话以及后来的思考和进步。

那天他们问我为什么想回中国，我说，我不想一直像现在这样，每个月都在出差，回到圣保罗已经觉得像是回家了，可是我的家明明在中国。我想要一个正常人的生活。保利诺教授和部长同时问我，什么叫"正常人的生活"？我说就是家长里短啦，柴米油盐啦，和爸爸妈妈住在一起啦，反正不是现在这样。

我永远记得部长非常严肃且耐心地对我说，他年轻的时候也曾经当过一段时间的记者，他说，晴，你只有去过很远很远的地方，看过很多很多不同的风景，吃过很多很多不同的美食，经历过很多很多美丽的故事，遇到过很多很多有意思的人，只有经历这样丰富的生活，才能真正品尝出一杯咖啡到底是什么味道，或者才能真正理解你所说的"正常人的生活"。

我下意识地拿起面前的咖啡杯，喝了一口。部长说，虽然这杯咖啡是他冲的，但是大家喝出来的味道一定是不一样的，我、Aline、保利诺教授，每个人面前的咖啡对于自己来说都是不同的味道。晴，你看，你现在还是一个小女孩，喝咖啡要加糖要加奶，你现在的生活和你面前的这杯咖啡一样，生活是甜的，是多姿多彩的。等你长大了，你才能喝出黑咖啡的味道，才能真正理解生活，你明白吗？你一开始喝黑咖啡，只会觉得它苦。

画面跳转到部长来我们站的演播室接受专访，我们一起去楼下迎接。部长拖着一个拉杆箱，一个人走进了我们办公室大楼。我们同事都相当惊讶，堂堂一个体育部长，怎么自己走着就来了。上次巴西外交部长来我们演播室的时候可是好几辆车的车队。大家虽然觉得奇怪也没细问。等到专访结束，我们把部长送下楼的时候，他的秘书、助理，好几辆车的车队在楼前排开，等候部长。一个同事终于忍不住问，为什么早上他自己拖着一个拉杆箱就来了呢。部长笑眯眯地说，我来接受央视的专访，对于我来说不是工作，因为晴是我的朋友，我就是来帮朋友一个忙，这是私事，自然不用出动部里的人。而一会儿下午，我有一个新闻发布会要出席，这是体育部的公事，所以你们看，我的秘书来了。

部长对我眨了一下眼。我笑着说，我还记得，"你只有走过很多路，才能喝出一杯咖啡真正的味道"。而我，还不知道一杯咖啡真正的味道。

对，从那杯咖啡开始，我们是朋友了。我们变成了时不时相约吃饭喝咖啡喝酒聊天的朋友，而部长某一天给我打电话，我正好到了，他看到我手机上闪烁着"体育部长"四个中文字，兴奋地问是不是我帮他取的中文名。我只能老实交代，我就是图省事，写了体育部长四个中文字。

部长为此生气了一礼拜。

3 物欲是最低级别的欲望

> .

人生有很多条路，
年轻的时候，
大家都奔向同一条是很正常的现象。
但是如果随波逐流，
那么一定有那么一个节点，
你会想要找回曾经失去的。

    终于要写这本书里出现次数最频繁的巴西人，我在巴西合作次数最多的摄像费尔南多了，竟有些无从下笔。我们实在是一起出了太多太多的差，一起坐飞机一起长途跋涉，一起几乎走遍了巴西的所有角落，他给我拍了很多漂亮的照片，我对着他的镜头说了无数他听不懂的中国话。

费尔南多其实是一个五十出头的小老头，平时非常节省，刚认识他的时候，他还用一个大概二十世纪九十年代那会儿的大哥大手机。他每次掏出那个大哥大，都会忧心忡忡地问我，机场安检会不会过不了，他们会不会觉得这么大一个手机是假的，肯定这是一个武器。而他其实收入不菲，给我做摄像是他的兼职，他的本职工作是在巴西当地的 SBT 电视台做编辑，平时会接一些摄像的私活，拍新闻，拍纪录片，也客串编纪录片。一个人干这么多活怎么也不至于很贫穷，但是从我认识费尔南多开始，他真是一直省吃俭用，从不浪费一分钱。

和费尔南多一起拍过咖啡系列，最难忘的是里约附近一个咖啡庄园里的拍摄。那是一个十九世纪的咖啡庄园，在一个小山坡上面，周围静寂无声，我们车开进去的时候，费尔南多就说，这里有点阴气，万一庄园主人把我们抓起来当奴隶，我们无处可逃，附近一个人影都没有。我下意识拿出手机，刚准备看有没有信号，费尔南多就示意我别看了，根本一格信号都没有。后来迎接我们的庄园主是一个六十多岁的老头，看着确有些阴森，虽然一脸笑意地说着欢迎我们，也不知道是不是傍晚天色已暗，冷风吹过，照得老头真是有些面目狰狞。费尔南多一脸坏笑看着我，意思是，看他猜对了吧，我们要被抓起来了。

老头话不多，把我们带到咖啡庄园的住处。庄园由于气候、环境等因素的改变，早在二十世纪九十年代初就不适合种植咖啡了，现在这里被改造成接待游客的客栈。老头示意我们，前面便是我们的房间，并且非常淡定地补充了一句，在二十世纪六七十年代，咖啡种植的鼎盛时期，这些房屋里住的是大批来自非洲的黑人奴隶，他们是巴西咖啡种植的主力军。

本来阴冷的小风吹着，在这个空旷无人的咖啡庄园里，跟着一个奇怪的老头参观已觉得浑身不自在。现在这奇怪的老头把我们安置在黑人奴隶群居的住所，我抬头茫然地看看周围，发现这片有房屋的区域处于整个庄园的低地，房间周围防止奴隶逃跑的栅栏保存完好，我还没来得及进一步胡思乱想时，老头旋转一把巨大的钥匙，打开了其中的一扇门。房间特别巨大空旷，木质地板擦得锃亮，头顶一个特别小的老式风扇在摇晃着吹散房间里的霉味。我想二十世纪六七十年代，这样一个房间得住上百个奴隶吧。

收拾好东西，和费尔南多彼此默契地不作声，在这样一个好像穿越了历史的庄园里不知道该说什么。空旷的奴隶房间围着严实的栅栏，一起走了很久的上坡，这片庄园大得看不到尽头，除了老头和我们以外，空无一人。敬畏历史的崇敬、穿越时光的畏惧、人烟稀少的恐慌，这些心情交织在一起，最令人忐忑的还是这个老头，他究竟是谁，为什么一个人在这里。

我和费尔南多沉默地爬了许久的上坡，到了咖啡庄园的餐厅，远远传来叮咚叮咚的钢琴声，寂静的庄园终于有了点声响，让我感到放松很多。走进餐厅，四五个餐厅侍者站在餐桌旁，其中一个人走上来示意我们，老头在弹琴，我们可以先用餐，没有关系。我们当然也不着急吃饭，餐厅是一个巨大的起居室，沙发、餐桌、电视、钢琴一应俱全，像是一个大户人家的客厅。老头见我们走进去，对我们微笑后继续弹琴。我则注意到起居室的火炉旁有一个巨大的桌子，上面放着两大幅未完成的拼图。都是那种几千块，甚至上万块的复杂宗教画的拼图。费尔南多让我看这墙壁四周镜框里的宗教画，不是油画、也不是复制品，居然也是拼图。这个巨大的起居室里，挂着大概有十几幅这样的拼图。

也许老头真的一个人住在这里。这些拼图和这绵延不绝的钢琴声在这庄园的空旷大背景下，显得尤为寂寥。一个人，在这样一个旧时的庄园里，要用什么来打发这漫长的时光，也许拼图和钢琴声是一个答案。而这时，费尔南多站在钢琴边，突然应和琴声，开始高声歌唱。

"友谊万岁万岁朋友友谊万岁
举杯痛饮同声歌颂友谊地久天长。"

我愣是没回过神来，什么时候琴声变成了《友谊地久天长》倒是其次，关键是费尔南多怎么突然深情伴着琴声唱起歌来。曲毕，老头起身，示意我一起去吃饭。饭桌上，解开了所有的谜团。

老头原是里约热内卢的一名著名的律师，以打诉讼法著称。按照老头的说法，里约热内卢，在这个世界上最繁华美丽的城市里，他获得了所有的财富和尊重。年轻的时候，在国际律师事务所工作，满世界飞，坐头等舱，住最好的酒店，拥有了世俗世界里可以拥有的一切。后来父母过世，自己也年过六十，一直单身的他决定要换一种生活方式。他说，年轻的时候，你可以和世界上所有的人说话，各种有趣的人，天南海北地聊。而上了年纪，终于发现，和自己内心对话才是最难的。所以，他搬来了这座曾祖父留下的庄园，独自居住，偶尔接待来旅游的客人，弹琴、拼图，和自己对话。

平时热闹，但也不轻易和人分享私人生活的费尔南多突然打开话匣，他说，在老头转而弹奏《友谊地久天长》的时候，从那寂寥和热闹并存的琴声中，他感受到了老头弹奏这曲来欢迎我们，所以便应声高歌。而在我和费尔南多一起出差一年多以后的那天，在那座咖啡庄园里，第一次听费尔南多说起了自己的人生。

费尔南多说自己年轻的时候也住在圣保罗的闹市区，住在金融街高级的公寓里，终日奔波，送两个孩子上学。后来，他开了自己的电视制作公司，赚了一些钱，一家人生活富足。费尔南多是一个超级理想主义的人，他有一堆纪录片梦想，而也正是其中的某个理想主义的纪录片让他赔了生意，关了公司。费尔南多说，那个时刻很艰难，但并不让人绝望，因为他好像找到了人生一个转折点，那个点之前，终日奔波忙碌，赚钱养家，让孩子上私立学校，为了过上大家都追求的生活，而殊不知那并不是自己追求的生活。可是，那个点过后，他突然意识到，孩子还小，他们需要的并不是所谓最好的学校，他们需要和大自然在一起，需要父母的陪伴。费尔南多做出了一个重要的决定，搬离圣保罗市区，把全家搬到了圣保罗的一个卫星城。从此，自己锯木材、砌砖墙、搭建房屋。郊区有大片的土地，自己教两个孩子骑马射箭，参加马术俱乐部。放弃了自己的生意，找了份安稳的电视台编辑的工作，从此岁月静好，现世安稳。

费尔南多说，人生有很多条路，年轻的时候，大家都奔向同一条是很正常的现象。但是如果随波逐流，那么一定有那么一个节点，你会想要找回曾经失去的。

两杯红酒下肚，这个不胜酒力的巴西人略微有些喝高。费尔南多和我们干杯，"可是那个节点，如果来得太晚，那么失去的再也找不回，一切都来不及从头再来"。

是啊，如果失去的再也找不回，一切都来不及从头再来，这样的中年危机，老年伤悲，我们又如何承受得起。我们大部分人都很难做到放弃一切从头再来，然而我们没有仔细想的是，我们大部分人又如何能承担起无法挽回、无能为力的伤悲。

那是我第一次觉得我面前的费尔南多，这个我一直笑称他为小老头的巴西人这样高大。这个平时嬉笑怒骂，用着大哥大手机，省吃俭用的巴西人，原来经历过这样的人生。他说，人生一定有一个节点，花钱不能满足自己了，那之后的节省其实并不是节省，而是因为到了一定的年纪，物欲已是最低级别的欲望了。

那天，我独自在空荡荡的奴隶房间里，坐在锃亮的地板上，想了一晚上。在这样时空穿越的地方，具备思考古今和人生的一切要素。

我想到了费尔南多，想到了这个拼拼图的老头，想到了海滩边踢足球的小男孩儿，想到里约热内卢的英国人鲍勃，和我。我们都站在这个节点的或前或后，拼命或淡然地向前奔跑。小女生开始思考人生了，不知道上帝是不是在发笑。不管人生的路要如何走，我最感激的仍然是在二十四五岁的人生里，和费尔南多以及我遇到的其他所有人有这样的交集，我知道了，原来每个人都有权利选择自己要过什么样的生活。

　　第二天醒来开始咖啡庄园里的拍摄，费尔南多依然认真地调着焦距，我依然对着他的镜头说着他听不懂的中国话，和之前的任何一次拍摄都没什么不同。而我心里在想，和费尔南多一起的旅途、工作拍摄以及流过的眼泪，所有的一切，都帮助我在这样的年纪，在这样陌生的国度里努力看清这个世界。

4 巴西男孩的汉语梦

>

> 我有多久没有因为"汉语这么美"
> 这样纯粹的理由去做一件事情。

保利诺教授邀请我去参加他们孔子学院一年一度的汉语大赛,并担任评委。对我来说,也就是一个周末需要早起,能帮保利诺教授一个忙,何乐不为。虽然保利诺教授是孔子学院的巴方院长,但是对于我这个会说葡语的中国记者来说，从来也没有人和我说过中文，葡语和英语是主要的工作语言。在此之前，我就从来没听过巴西人说中文。

比赛由两个部分组成，用汉语演讲和才艺表演。上台的是一个巴西小男孩卢卡斯，十七八岁的年纪，干干净净的白T恤，纯净的笑容。自我介绍的时候，卢卡斯说，他学习中文是因为对中国文化感兴趣。我无奈笑笑，想巴西孩子也会说中国孩子一样的官话，有多少个中国孩子学英语是对英美文化感兴趣的？而我自己大学不也是糊里糊涂选了葡萄牙语，比起考虑拉美文化，更多的是在考虑毕业后能找到什么样的工作。

接着就要进行汉语演讲比赛的环节，自由演讲。卢卡斯没有稿子，目光坚定地望着台下，对大家说，他要朗诵一首他自己非常喜欢的诗。我正想着，巴西孩子能念得懂古诗吗，就听卢卡斯接着说，他最喜欢顾城的诗，他要把他最喜欢的一首朗诵给大家听。

"我想画下早晨
画下露水
所能看见的微笑
画下所有最年轻的
没有痛苦的爱情
她没有见过阴云
她的眼睛是晴空的颜色

她永远看着我

永远，看着

绝不会忽然掉过头去"

　　一个巴西小男孩，在舞台上，用流利的中文，脱稿朗诵顾城的诗。接着，一句一句地阐述着他为什么喜欢这首诗。让我联想起自己上大学学葡语的时候，也曾经虔诚地念过葡萄牙著名诗人佩索阿的诗。

　　"O mar salgado, quanto do teu sal. São lágrimas de Portugal."

　　不同的是，我上大学那会儿老师教我们佩索阿的诗，我们不情愿地一句一句跟着念，并无任何感同身受，更无从提喜欢。这是实话。

　　卢卡斯站在台上，一句一句和我们讲他的理解，讲他这个年纪怎么理解这首《我是个任性的孩子》，讲自己学校里的趣事和思考，讲自己的生活和理想，讲这个世界上所有这个年纪的孩子遇到的共同困惑，父母乃至整个现实社会的期望，和自己心底的小小梦想。任性的孩子，美好的想往。他说，他很喜欢他的中国老师，中国老师告诉他们顾城的生平，而卢卡斯告诉我们他是怎么理解顾城那个年代里写下"黑暗给了我黑色的眼睛，我却用它寻找光明"，讲他理解的那个时代的中国。

　　他的中文流利程度绝对不是参加比赛孩子中最好的一个，但是他用中文诚恳、坦率地讲述着自己的少年梦想，面对的残酷现实，他理解的中国诗歌，以及他心里的中国梦。我被这样的热忱打动了，回想自己之前还以小人之心地想这个巴西男孩说，"我喜欢中国文化"一定是官话。然而，这诗，这话，此情，此景以及他的中国梦都直率地表达了他对汉语的热爱。才艺表演更是没有让我们失望，卢卡斯流利地用汉语声情并茂地唱了一首《老男孩》，我说你还是个小男孩，所以梦想一定能实现，一切都还来得及。我毫不犹豫地给他打了最高分。

在国外，很多人学汉语是看到中国的崛起、巨大的中国市场以及其中蕴藏的贸易机会。和我们大部分中国孩子学外语一样。外国语学校学外语的孩子都不能免俗地会谈论以后的工作机会，哪门外语更好找工作。

比赛结束后，工作兴趣使然，我找到卢卡斯一起聊了聊天。巴西孩子汉语说得这么好的简直是凤毛麟角，这个新兴发展中国家也急需语言方面的人才，而卢卡斯却说，上大学他会选择物理系，因为他比较擅长且喜欢，以后的工作方向也想往这方面发展。那么汉语呢，他连续两三年，每周花两三天时间晚上去孔子学院上课，付出这么多精力去学汉语，纯粹是对中国文化的兴趣。

"学汉语是我的兴趣，你们中国文化太博大精深，语言文字的表达很奇妙。"
"学汉语是为了拥有面朝大海、春暖花开的心境，可以拥有心灵的另一个世界。"

卢卡斯还说，中国的爱情和巴西的爱情也不一样，巴西乃至拉美人，爱情的表达很直接，但是中国人爱情的表达真是太美了。

"她永远看着我
永远，看着
绝不会忽然掉过头去"

他又念起了那首顾城的诗。而我，比卢卡斯年长七八岁的我，从十几岁开始奔跑在功利的世界里，偶尔有的感触和想法也被扑面而来的学习工作压力，以及一直向前跑的无形推动力压得消失殆尽。

我有多久没有因为"汉语这么美"这样纯粹的理由去做一件事情。也有多久没有因为一首诗、一句话静静地体会汉语的禅意。只剩下无奈。

"我在希望
在想
但不知为什么
我没有领到蜡笔
没有得到一个彩色的时刻
我只有我
我的手指和创痛
只有撕碎那一张张

心爱的白纸

让它们去寻找蝴蝶

让它们从今天消失"

5 人生最大的惊喜是可能性

>

变化的工作、动荡的生活，
这是驻外记者永恒的话题，
而我们说起来的时候没有恐惧，
没有疲倦，眼睛里散发着光芒。

认识巴西帅哥记者安迪是联合会杯在某个酒店举行新闻发布会的时候，他主动凑上来和我还有体育频道的美女记者苏宁说中文。安迪也就三十岁的年纪，中文其实说得不怎么样，除了能说"你吃了吗"就是"我是个酒鬼"。

在联合会杯的紧张日程中，我和苏美女跟西班牙队，巧的是安迪作为巴西环球电视台的记者也跟西班牙队。西班牙队在联合会杯期间一路高歌猛进挺进决赛，而我们无论是在赛场还是在赛前和赛后的发布会都能和安迪侃上几句。一来一去就熟络起来。安迪曾经是巴西环球电视台驻北京的体育记者，2008年的时候在北京常驻。他给我看他在中国的外国记者证，做的跟我们的身份证一样，有板有眼地印着照片和他的中文名字安迪。我笑他那时候还年轻是个帅哥，而现在回到巴西已然沧桑。

联合会杯决赛巴西队大胜西班牙，赛后的新闻中心里本国的巴西记者一片欢腾，我和苏美女走过环球电视台的一大片工作台，安迪乐得又和我们说他那句经典的中文"我是酒鬼"，环球电视台的一帮记者准备一会儿收工去海滩边喝酒，邀请我们一块儿去，而我们自然因为赛后还有一堆工作就没去成。安迪说以后去里约出差，一定要一起喝酒。

驻外记者相见一般都有一种惺惺相惜的感觉，不管是哪个国家的，不管是否现在依然是驻外记者。驻外记者圈有一个段子，不同国家的医生或者律师互相之间的聊天也许都有所保留，而驻外记者则是大家可以一起分享一个盘子里的食物，不管你来自哪个国家。走过越多地方，认识越多驻外记者，越能体会到这句话的味道以及这个圈子里的惺惺相惜，很快能彼此辨认同类。驻外记者的圈子也非常小，大家之间彼此熟稔。联合会杯时候新闻发布会开始前，一个中国人，一个巴西人还有一个美国人，大家服务于不同的新闻机构，但是2008年的时候大家都在北京，2013年大家又都在巴西，而未来2016年，可能都会待在巴西吧。

安迪曾经在北京驻外，联合会杯期间虽不在一个电视台，但是二十多天飞了五个城市，在机场、酒店、赛场、新闻发布会真是无时无刻不相见。后来一次在里约出差，满满行程之间依然抽出时间约了安迪在海边喝酒。再次在里约见到安迪，居然有一种老相识的感觉，第一句话便是，"你是个酒鬼吗？"

里约的夏日炎热异常，但是夜里的科帕卡巴纳海滩上，小风吹过，喝一口薄荷味的甘蔗酒，清凉舒爽。听着海浪声，和一个巴西驻外记者聊着2008年的北京往事，有一种无法言说的神奇感觉。之前我总是和安迪说，这个工作太累了，不能一直这样工作下去。总是觉得生活应该是岁月静好、现世安稳，安迪却一直不以为然，他对我说，你心里爱着这份工作，你知道它的好。我摇摇头，连日来的奔波，连续采访已经身心疲惫，难得老朋友相聚，还非说我爱这个工作，我真是有点生气。

后来话题就转到了在北京的生活。来到巴西以后，感到整个北京已经离我远去了，却被一个巴西人再次把距离拉近。说到我在北京的生活，我觉得中规中矩，竟想不到任何可以说的点，而安迪却是兴奋异常，说北京的胡同，糖葫芦，说常去的三里屯酒吧。而说到现在在巴西的生活，安迪说没什么特别的，而我却能和他细说圣保罗每一家餐厅，甚至在巴西国内其他地方以及拉美其他国家，应该去哪里吃饭，去哪里玩耍，我都可以如数家珍。

再一次干杯的时候，我看着被照明灯照亮的海岸线和远处山上的基督像，看着这片里约明信片式的美景，好像穴位被点醒一般振奋。我对安迪说，为我们都爱这个工作，干杯。安迪大笑说，女人都一样，不管哪个国家的，都变得这么快。前一秒钟还生气地说，哪有喜欢这个累到死的工作，后一秒又要为这个工作干杯。

安迪不知道，短短的几分钟里，虽然在数着圣保罗的餐厅和拉美的风景，但是心里一直在琢磨安迪说的话，"你心里爱着这份工作，你知道它的好"。

从那天离开北京到现在，时间过去了这么多，我其实一直都知道我喜欢这份驻外记者的工作，为此我愿意用这最宝贵、最年轻的三年，甚至不惜冒着和大学一路走来的男朋友分手的风险，后来证明风险确确实实变成了代价，来做这份工作。但是这份工作的好，我一直没有一个清晰的概念，就像是一种盲目的热爱。但就在我和安迪对于自己原本的生活同时沉默，竟说不出一点好的时候，我好像明白了一些。

虽然驻外记者这么累这么忙，简直恨不得每分钟不是在工作就是在交通工具上，但是它带来的是无限的可能性。变化的工作、动荡的生活，这是驻外记者永恒的话题，而我们说起来的时候没有恐惧，没有疲倦，眼睛里散发着光芒。反而说到自己原有的循规蹈矩的生活，却两眼无神，不知道该说什么。我在巴西的这些时光，每一分每一秒都不觉得是白过，回顾一年来做了什么，我可以从一月数到十二月，滔滔不绝讲几个小时。而在北京的时候，写年终总结，总觉得一年里甚至连一件具体的事都想不出自己究竟干了什么。

和里约的美景无关，和世界杯、奥运会这些精彩的赛事无关，和拉美重大的国事访问无关，我们爱这个变化的工作，动荡的生活，因为我们爱着变化这个可能性。原来每日循规蹈矩忙忙碌碌却不知道一年究竟干了什么，是因为生活没有变化，而只有变化才能带来无限的未知以及这未知才能带来无限可能性的兴奋感。

安迪拉着我去海边踏浪，我觉得在这黑夜里，连浪花都闪着光芒。认识这么多驻外记者，大家彼此相见问候再见，匆匆来去却依然熟悉，和不同的人吃过很多很多饭，一起奋战过很多很多场合，高访、世界杯和数不清的发布会，而终于到这天，炎炎里约的仲夏夜，踏着浪花，不再抱怨无穷无尽的工作，才终于明白了对这份工作的爱，并且清晰地"知道它的好"。

接近午夜，和安迪走向卖椰子的小贩，买走了最后两个椰子。坐在白天乘凉的大伞下，听安迪唱《依帕内玛边上的姑娘》。

这样的场景，北京没有。

此刻对于未来可能性的憧憬，北京也没有。

PART - 06

牙买加：
一个名字等于一个国家

Jamaica

>>>

为什么要奔跑？
雪莉也做出了博尔特那个庆祝动作，
目光坚定地看着远方，
告诉我："To the world！"

1 跑向世界的距离，到底有多远

>

奔跑，
这是这个国家的孩子们梦想世界的方式。

　　每年的生日都在不同的地方过，对我来说似乎已成为常态。2010年在北京。2011年在苏州，这可能是记忆中最近的五六年里唯一一次在家过。2012年在圣保罗。但是没有想到，2013年竟是在牙买加。

　　从苏州到北京，从北京到巴西，从巴西到牙买加，一路走来，路途遥远。从圣保罗坐飞机中转纽约，到达牙买加的时候，觉得这段飞行极其漫长。牙买加虽是拉美国家，但是中转纽约停了五六个小时，加上飞行时间，到最后落地蒙特哥湾的时候，我睡眼惺忪地睁开眼睛，回头和摄像说，怎么飞了这么久，这是已经飞到了中国吗？

出了机场，满眼都是皮肤黝黑、瘦高瘦高的黑人，恍惚间又觉得自己是飞到了非洲。蒙特哥湾的机场很小，设施简陋的大厅里各色人在出关处排着长长的队，高高的海关柜台后面瘦高的牙买加人没好气地要求所有旅客一个个开箱检查。炎热的加勒比国家，机场里感受不到空调，出关的地方国际旅客怨声载道。狭小的机场空间，闷热的空气里，大家都在狼狈地出汗、等待，但好像越抱怨，这个队伍就更加不动了。对这个国家的第一印象简直不能再差了。等到好不容易出了机场，走出去一看，摄像说，这个国家好像什么也没有。

蒙特哥湾是牙买加最著名的旅游城市，用摄像伊万的话说，牙买加只有这一个城市，其他都是不忍直视。我们开车经过蒙特哥湾的市中心，窄小的平房一个接着一个，拥挤地堆在市中心，杂货店、汽水店、服装店，都是一小间一小间，稍大一点的就是旅游纪念品商店，感觉像是回到了中国的二十世纪八十年代。这是这个国家最好的城市。但也就是这样一个人口不到 300 万的贫穷国家创造了这个世界上最快的奔跑速度。

从这里到世界的距离有多远，从牙买加跑向世界要多久？
博尔特告诉我们，只需要 9 秒 58。这个牙买加人一次又一次地破百米人类赛跑纪录，一次又一次地缩短了这个国家和世界的距离。

他那个双手一前一后拉弓箭状的著名庆祝动作激励着这个国家的孩子们，即使从这样一个贫穷的加勒比岛国，照样可以 To the world。我们在牙买加，草地上、海滩边、学校里、公路上、建筑工地旁，几乎所有的地方，见过无数在奔跑的孩子。当我们提到博尔特，所有的孩子都簇拥在一起，模仿他著名的庆祝动作，用最稚嫩的声音齐声喊着：To the world。

奔跑，这是这个国家的孩子们梦想世界的方式。在首都金斯敦，大大小小的公园里，到处都是奔跑的市民，然而这个城市基础设施破旧，连举办全国锦标赛、历年奥运会选拔赛的体育场都可以用破烂来形容。历届奥运会前，就是从这里选拔出代表这个国家的飞人们，他们也就是从这里跑向了世界。然而甚至这个设施破烂的体育场还不是飞人们最糟糕的起点。

雪莉是我们在公路边遇到的一个跑步的女孩儿。在开往郊区的路途中，我们的车坏了，停在路边，需要向当地人问一下路线。一个标准牙买加身材的黑人女孩儿，瘦高瘦高，背心短裤，正在公路边练习跑步。她向我们跑来，表示可以为我们提供帮助。当地司机正努力地修车，我就和雪莉聊了起来。我说她是标准的跑步身材，她笑笑用非常专业的运动词汇回答，你是指我重心高、跟腱长，非常适合跑跳吗？

我愣在那儿。重心高、跟腱长、适合跑跳。我其实一点儿也不懂。只是印象里的奥运跑步选手，特别是黑人选手都是那样的，原来还有这么专业的词语，并且随便一个路边跑步的女孩儿就能脱口而出，我开始对这个盛产飞人的国家心生敬意。

我笑笑说，难道不是因为你们这里盛产一种神奇的山芋？我看很多报道，全世界都在分析你们，而其中比较有意思的一个说法是，当地一种叫作 yellow yam 的山芋一整年都生长在泥土里，而牙买加当地的泥土被很多科学家研究过后均表示，富含铁铝土矿，转化为食物中的氧化铁，被人食用后，增加了红细胞中的含氧量，这决定了肌肉的爆发力。我一口气用英文说了这么多化学名词自己都震惊了，但确实这是我来之前做的功课，也是全世界科学家的研究成果。

雪莉说，你看到了，这里的贫穷状况就是这样。从这里到世界中心靠的怎么可能是一种神奇的山芋？我立马脸红，觉得自己简直是背教科书的书呆子，完全没有自己的思考。是啊，如果从这里到世界的距离用一种神奇的山芋就可以填充，那么这个世界确实有点太容易了。

当地的司机还在奋力修车，而和我们渐渐熟络起来的雪莉示意，想要和我在这个公路旁边比赛跑步，她说我们比一个 100 米好不好？和牙买加人比赛跑步，就像和巴西人比赛踢球一样可笑吧，我当然摇摇头，坚决不敢比赛。雪莉虽然没有坚持，但是她问我，你们中国女孩儿每天跑步健身的量是多少，还没等我惭愧地说出 0 米，雪莉就说她自己从 7 岁开始，每天跑步的量大概在 6 公里到 8 公里，这还不包括田径学校的专业训练。

"那么，从中国来到拉美做记者你用了多长时间，付出了多少努力？"

我简直被这个小女孩的执着打败了，我终于明白为什么在我说出他们的成功秘诀是一种神奇山芋的时候，她是那么不屑一顾。在这个公路设施极差，周边毫无任何设施，我们只能等待司机奋力修车的破败国家，一个高挑黝黑的女孩，站在这条破败的公路旁，看到的不是生活的贫穷、现实的残酷，她的目光坚定地望着远方。那个远方的赛场，是她眼睛里的世界。

我不甘心，仍然想要知道这个国家的长跑基因究竟是什么，雪莉是这么告诉我的。

"因为，我们每时每刻，都在拼命奔跑。"

那些科学家研究出来的各种公式、各种化学方程式，牙买加的泥土里的铁含量究竟有多少，山芋被人类食用后究竟能转化出多少氧化铁，能提升血红细胞百分之多少的含氧量，而这些含氧量又在多大程度上能提升肌肉的爆发力，如此种种，和拼命奔跑相比，也许真的不值得一提。

初来牙买加，我惊讶于这个加勒比岛国的贫穷落后，但也惊讶于人们是如何通过奋力奔跑，缩短和这个世界的距离。博尔特用了 9 秒 58，而无数的雪莉们正在用每天十几公里的积累，来让这个数字变得更少。所以，为什么要奔跑？雪莉也做出了博尔特那个庆祝动作，目光坚定地看着远方，告诉我：

"To the world！"

2 蓝山咖啡喝的是节制

>

这个顶级咖啡的秘诀，
无论是种植、加工、生产直到品尝，
都只有一个：节制。

牙买加这个国家都是标签式的，四个词语就可以涵盖一切：博尔特、鲍勃·马利、朗姆酒和蓝山咖啡。好像除了这四个词语以外，这个国家都不剩下什么了。而蓝山咖啡似乎是和中国人距离最近的一个词语。

蓝山咖啡在中国似乎是小资、高级白领或者说中产阶级生活方式的代表。蓝山咖啡出现在各种职场小说和电视剧里，冲泡一杯现磨的蓝山咖啡，甚至成为这些书和影视用来表达主人公白领生活方式的形容词。所以，对于蓝山咖啡，我并没有非常好的印象，当然也是由于我确实不太懂咖啡，觉得所谓高级的蓝山咖啡不过是矫情罢了。

　　来到这个加勒比岛国，便想去看看，这大名鼎鼎的咖啡究竟是名副其实还是矫情多些。在首都金斯敦就可以看见蓝山山脉，近两千米海拔的高峰被加勒比海环绕。蔚蓝的加勒比海在阳光的照射下，本身就明艳动人，被加勒比海包围的蓝山山峰上反射出海水的蓝色光芒，这海蓝的光芒显得这山峰更加璀璨夺目。据说蓝山就是因为这绚丽的蓝色光芒而得名的。

　　我们随着珍妮一起驱车盘山而上，一路上盘山公路的颠簸，让我这个从来不晕车的同学头昏眼花，盘山路修得很不平整，很难想象举世闻名的蓝山咖啡就是经由这条崎岖的道路运往世界各地的。也许，这个世界上最好的东西，都要费尽周折才能得到吧。车越往上开，山上越是雾气缭绕，珍妮说这里常年云雾缭绕的气候是咖啡豆品质的一个很重要的因素。一般情况下，咖啡的生产需要一定的树荫，因为阳光直射会影响咖啡豆的生长，很多地区的咖啡园没有树荫就会使用化学产品来弥补。而蓝山的雾气缭绕不仅起到了遮阴的作用，丰富的水汽还使山区常年湿润。

　　经过盘山公路十八弯，我们到了山顶的咖啡农庄。咖啡农庄在蓝山咖啡的盛名之下已经变成了金斯敦的著名旅游景点，农场主热情地招呼我们，带我们去看这里的咖啡园。作为一个咖啡超级外行，在咖啡种植方面，除了这里的咖啡树苗都生长在崎岖的山路上之外，着实看不出与其他咖啡有任何区别。但是走进咖啡园里，确实能感受到这蓝山山脉气候的独特。之前和费尔南多一起去过巴西米纳斯吉拉斯州的咖啡种植区，巴西也是世界上的咖啡生产大国，但印象里巴西的咖啡庄园日照强烈，咖啡树苗需要用各种方式进行遮阳以及保湿。而生长于这高山上的咖啡树苗长期在这云雾缭绕中，确实具备不可复制的天时地利。

我理所当然地认为是这高海拔独特的土壤环境以及气候条件决定了蓝山咖啡的高品质，还没等我赞叹这里天生的得天独厚，农场主冲泡了两种咖啡让我们品尝。我忙摆摆手，作为非咖啡爱好者，我哪里能喝出咖啡的好坏，甚至不知道咖啡好坏味道的评判标准是什么。越苦越好？越酸越好？更何况，黑咖啡在我们看来就是一个苦味。

"所有人都能尝出咖啡的好坏，这是人类的天性。"

农场主坚定地把能喝出咖啡好坏当作人类的基本素质，就和我们能吃出一道菜是否好吃一样。一道菜好不好吃也不纯粹因为这道菜就是甜或者酸。虽说是这样，我依然对自己能否品尝出蓝山咖啡充满质疑，甚至想说如果我尝不出来，不是更能说明农场主那话根本就是瞎掰嘛。我觉得咖啡和红酒一样，喝出好坏，鉴赏品相与口味，这应该是经过训练的专业人士才能做到的吧。

就这样，平时喝咖啡必须加牛奶的我，为了不露怯，只能深吸一口气，装模作样地品尝这世界顶级蓝山咖啡的好坏了。

晴朗的日子，清冽的海风，一座名叫蓝色的山，耳边充斥着牙买加口音的英文。不知道是不是这些因素夹杂在一起，置身于此，人生第一次觉得黑咖啡味道还不错。农场主在我面前放了两杯咖啡，让我说出哪杯味道更好。最神奇的时刻就此到来，分别尝试后，我特别笃定地指着其中一杯说，这杯比较好喝。

"你看！好东西人人都能喝出来！"

其实我并不能非常清晰地说出到底那杯咖啡好喝在哪里，我只能说，这和我在巴西常喝的咖啡还是有很大不同的。巴西的咖啡味道比较浓烈，而蓝山咖啡则是清雅伶俐。而那两杯蓝山咖啡之间的区别，我根本就无从表达。

"味道其实差得不太多，但是那杯好喝。"当我说出这个为什么选了那杯的"原因"时，我意识到自己的语言表达能力是多么有限，"词穷"都不足以说明我的表达无力。

这当然引得农场主哈哈大笑，所以说辨别好坏人人都会，而说出其中的玄妙则是品鉴师们的独门法宝吧。

反射着加勒比海耀眼蓝色光芒的蓝山山脉，大多海拔 1800 米以上，其中最高峰海拔 2256 米。当地对于咖啡带的种植有着严格的分类，蓝山山脉上具备完美新火山土壤、云雾缭绕水汽充足、昼夜温差大的咖啡种植带其实并不是太多。当地最严苛的分类定义，只有生长于海拔1800米以上的咖啡带的咖啡才可以称为"蓝山咖啡"，而顶级的则是那生长在2256米处的一小部分。

看着这座蓝山上仅有的咖啡种植区，立刻觉得国内满大街美其名曰蓝山咖啡的，应该不全是正宗的吧。农场主给我普及知识，蓝山咖啡从种植园出来的产量不多并且全部采用人工采收，避免机器采收破坏咖啡果实。它的加工制作更是每一个步骤都有严格的规定，传统的木桶包装则是咖啡在送往消费者之前最后一刻的品质保障。而那些产于蓝山海拔1800米以下的咖啡，则只能被冠以"牙买加高山咖啡"的名号。

听完一大通理论讲解，知识是扩充了，理论也是明白了，所以牙买加咖啡的绝妙品质就是归于蓝山的"天时地利"以及当地加工商的高标准"人和"吗？农场主断然否定了我的结论。他再次端出煮好的蓝山咖啡，分倒给我们，让我们尽情品尝一下。邻桌的一位美国人显然是咖啡爱好者，一路对蓝山咖啡赞不绝口，示意侍者再给他冲一大杯的时候，坐在我们一桌的农场主连连摇头，嘴里嘟囔着，你们不懂。

我细想了一下刚才我们一起分享的理论知识，有一点恍然大悟。2256米的海拔、充足的水汽、合适的气候温差、完美的加工、绝少的产量，所以这样好的咖啡要等。而这杯完美蓝山咖啡杯端上桌前的每一个加工步骤也需要有极大的耐心。最后品尝这杯咖啡的时候，完美的口感体验以及脑中浮现的咖啡豆种植和加工的严苛过程，便令你在品尝的时候也会耐下心来，有节制地慢慢体会。正当我兴奋地想要和农场主分享这个感受时，他同时给大家揭晓了这个从到达牙买加开始每个人都在问的问题的答案。

蓝山咖啡的奥秘到底在哪儿？

"这个顶级咖啡的秘诀，无论是种植、加工、生产直到品尝，都只有一个：节制。世界上顶级的东西总是稀少的，所以如果只用一个词语概括，那么蓝山咖啡喝的就是节制的美感。"

3 牙买加的另一面天堂

>

海浪、雷鬼乐、
鬼佬们的舞蹈混杂着酒精、荷尔蒙和尖叫声。
这个国家的另一个面孔，
竟是这样绝美、恬静，
到了夜晚又变得这样热情与火辣。

　　来牙买加出差是受联合国环境署的邀请，参加在蒙特哥湾举行的联合国环境署第二届海洋陆地联系大会。这个加勒比岛国是绝美的度假胜地，然而前两天在金斯敦，甚至是去了蓝山都丝毫没有感受到加勒比海度假天堂的美誉。

首都金斯敦基础设施比较落后，市中心简陋甚至有些脏乱，牙买加大多是黑人，恍惚中觉得这哪里是加勒比，分明是来到了非洲。这里打车没有计价器，路边停着的车，和司机商量价钱，就是出租车了。而我们碰到的黑人司机，大部分都漫天要价，宰客真是到了血淋淋的地步，有的甚至开到半途中强行要加价，不然就把我们放在路边了。如果说单身女孩独自在金斯敦游玩，心生恐惧的同时还要做好和司机抗争到底的准备，怎么看都不是一个旅游胜地。

而当我站在蒙特哥湾的海滩边时，眼见的是加勒比海令人屏住呼吸的大美。和哥伦布当年描述的一样，"这是一个肉眼所见最美的岛屿"。

蒙特哥湾是牙买加第二大城市，几乎就是一个度假城市。沿海岸线全包式度假酒店，从100美元到上千美元一晚上不等。全包式度假酒店是海岛国家的鲜明特征，无论你漫步在私人海滩还是庭院小憩，几乎能随时从酒店所有开放空间和各式吧台来一杯鸡尾酒或者混合果汁。坐在巨大的遮阳伞下，混合果汁就着独具牙买加风情的海鲜或者肉类烧烤，面朝阳光照射下碧蓝碧蓝的加勒比海，呼吸着清冽的海风，整个身心都被绝美的大自然所包围，那是我最爱的牙买加时光。蒙特哥湾被牙买加人亲切地叫作"梦湾"，我想是因为这里满眼都是大海，这里的海水蓝得和梦境一样吧。

在这个度假天堂能感受到和大自然有关的一切。无论是在露天餐厅还是海边酒吧吧台上，时常能看到叫不出名的巨大的鸟，旁若无人地走动。牙买加的人与自然，最让人惊叹的是海底世界。我印象里的海底世界都是人造隧道，环形的隧道，隔着大玻璃可以看到海洋世界里的大海龟、形状不一的彩色小鱼，也可以用手摸一摸玻璃，感觉离海洋就特别近了。而当我们要去参观蒙特哥湾的一个海洋世界的时候，我还在想，像这样海洋资源丰富的地区，是不是应该有全世界顶级的海洋世界呢。

我们先是坐大巴来到了蒙特哥湾的一个小型码头，环境署的负责人招呼我们分组坐上可以容纳五六个人的小船，每个小船上有专门的讲解人员。我还纳闷儿，这海洋世界到底在哪里呢，难道是在大海中间？但是如果小船是摆渡船的话，那为什么还需要讲解的人呢？

在一大团谜云里，我跳上了小船。木制小船带着透明的塑料顶棚，船上不是排放整齐的单个座位，而是大伙儿沿着边上围坐一圈，小船的中央被空了出来，探身一看，原来这个简陋的木头船的船底中心居然是透明的。船底中心的一大块是透明的玻璃，镶嵌在木头里，可以清楚地看到船底下的海洋世界。

对，海洋世界。我才大悟，原来在这样一个和大自然融为一体的绝美海岛，海洋世界的参观方式是这样的。一个小引擎带动着简陋的木船，一群人围坐在玻璃船底边上，随着船只行走的方向，由浅入深。一船人惊呼海水颜色的变化，浅草绿、棕榈绿、祖母绿直到开向某些区域，颜色慢慢变化为天空蓝、珍珠蓝，离码头越远，海水的颜色越清澈，而当我们驶向那片海域中间的时候，一船人用不同的语言赞叹，那是真正清澈无比的但又浓郁的宝石蓝。

海鸥飞到我们船上，旁若无人地停靠看风景，和我们一起搭乘一段，再淡然地飞离海面。最大的美是什么样，我想起了晓雪关于美女的评价。"美女就是当你看到她的时候，耳边无来由地响起了音乐。"我觉得美景应该也是一样吧。一群不同肤色的人在小船上，大家屏住呼吸感受加勒比海的大美，没有人说话。也许，所有的人耳边都响起了各种美好的音乐吧。其实这应该是硬件设施最差的海底世界了，比起国内那些豪华的海底世界，光那简陋木船船底的玻璃都没有国内高大上的环形玻璃擦得干净，然而就是在这样的小船上，我们看到了海洋世界真正的样子，闻到了海水的咸湿味，和各式的海鸟一起走过一段路，这应该是人和海洋世界应有的相处模式吧。

在海风的吹拂下渐渐凉爽起来，船夫关掉引擎，让木船安静地停在海面上，随着一阵一阵的海风漂浮着。船夫开始唱一首当地的民谣，大家一起惬意地等待着加勒比的落日。

夜幕降临，当我们还没来得及从加勒比粉红色、桃红色、橙色、金黄色的天空中回过神来，牙买加的夜晚开始了。混合果汁混合着酒精的味道，奔放随性的雷鬼乐，这是地道的牙买加之夜。酒店的私人海滩边搭起了舞台，著名的牙买加雷鬼乐队把海边的气氛推向高潮。我们坐在海滩边上的露天酒吧里，闻着夜晚大海的味道，听着海浪声，看着舞台上绚丽的雷鬼乐表演，高谈阔论，放声歌唱。

这就是牙买加的另一个样子。海浪、雷鬼乐、鬼佬们的舞蹈混杂着酒精、荷尔蒙和尖叫声。这里和牙买加首都金斯敦不同，甚至和近在咫尺同一个城市蒙特哥湾贫穷危险的市中心也不同。这个国家的大部分人过着贫穷甚至面临着危险的生活，这个国家几乎所有的贫困孩子都把全部希望寄托在奔跑上，而这个国家的另一个面孔，竟是这样绝美、恬静，到了夜晚又变得这样热情与火辣。贫穷落后的对立面。这里是牙买加的另一面天堂。

这一天，是 2013 年 10 月 2 日。

在牙买加的海风里，喝着混合果汁，对着加勒比海，对自己说了一声，生日快乐。

我，25 岁了。

PART - 07

委内瑞拉：
这个国家还剩下谁

Venezuela

>>>

────────

经济萧条，失业率急剧攀升，
高通货膨胀，物资短缺，
不仅使这里的年轻人失去机会，
甚至连维持生活都非常困难。

1 大卫塔：最危险的摩天大厦，还是穷人的都市梦

>

> 强占被废弃的楼房使之变成穷人的家园，
> 甚至变成穷人实现都市梦的方式。 ■

琳达说，去过拉美这么多国家，加拉加斯是她眼中最像马尔克斯的城。

夜幕降临时分，落地委内瑞拉。金灰色的火烧云映照出加拉加斯

的轮廓。也许是傍晚天色不太明亮的缘故，造成我对加拉加斯整体的印象都是这第一眼的灰蒙蒙。没有整齐的街道，参差不齐的各式楼房以各种姿态排列在这个城市中，灰色中夹杂着土黄色，毫无生气。到了夜晚，混乱的街道、拥挤的人群、满街的小贩，组成了这个全球排名前十的危险城市。从酒店落地窗往下看，万家灯火，星星点点，这些灯火的光芒晕开，弥漫在加拉加斯的空气里，却有几分魔幻现实主义的味道。

这个魔幻现实主义的城市中有一座大卫塔。

次日清早，我们出发拍摄。前往拍摄地点的途中，坐在我们租用的一辆破旧的蓝色小巴车里，第一次好好地看了看白天的加拉加斯城。画面和前一天晚上竟惊人地相似，灰白灰白的楼房，在市中心，不同形状的楼房杂乱无章地竖立着，堆积在一起，显得拥挤异常。驻加拉加斯站的记者刘同学给我们指了指窗外，说那就是大卫塔。

一座未完成的摩天大厦。45 层的高楼，很多个侧面还只有里层的架构，楼层一格一格，望进去黑洞洞的，还有几个侧面，却已是贴完了蓝色玻璃外墙，正反射着太阳夺目的光芒。然而这不是一座正在建设中的摩天大楼，空洞的半侧楼宇和反射着光芒的另一面，这个状态已经保持了 20 多年了。曾经委内瑞拉人的梦想是建造本国乃至拉美的地标性建筑，并且这个未完成的摩天大楼都已经有了一个高端的名字：嘉法安斯金融中心，原本这里将成为委内瑞拉新的金融中心，最初动工的时间竟要追溯到 1990 年。

1990 年，当初豪情满怀的摩天大楼开始动工，然而动工后的四年后，也就是 1994 年，委内瑞拉爆发了经济危机，开发大卫塔的地产商因资金问题破产，由于资金迟迟到位不了，施工建设进入停滞状况，大卫塔的建设被迫中断。2007 年以后，贫民窟的居民陆续搬进了这幢"烂尾楼"，直至现在拥有近 3000 名"非法"住户，导致这里成为世界上最高的贫民窟。

"没有人敢进去，甚至警察都不敢进去。"刘同学看我们好奇的眼光，赶紧把这好奇心扼杀在萌芽中。

刘同学的话让我一秒脑补了热门美剧《国土安全》中的画面。第三季里，片中男主角被委内瑞拉黑帮分子囚禁在这里，大卫塔里各种鱼龙混杂、黑帮、卖淫、毒品、枪支等等呈现在世界观众眼前，而这竟是嘉法安斯金融中心现在的面貌。嘉法安斯金融中心已经变成了委内瑞拉甚至是拉丁美洲最著名的贫民窟。

我看着眼前的这座大楼，拼命寻找大楼的入口。这座大楼虽然建造在市中心，但是周围却被隔离开来，可供进出的是一扇特别狭窄矮小的门。普通人在市中心行走，走到这里便会不自觉地加快脚步，因为这座被贫民窟居民占领了的摩天大厦里，暴力犯罪事件不断，甚至是很多犯罪集团的据点。外部的居民把这里看成是"贼窝"，在外界看来，大卫塔是委内瑞拉暴力犯罪的现状的缩影，也是世界上十大危险城市之一加拉加斯中最危险的建筑。

"但是，对于居住在里面的穷人来说，这里标志着一个时代。"

我躲在车窗后面，看着从大卫塔那个小门里进进出出的人们，想象着刘同学向我们描述的那个时代。一个人们可以把闲置的土地变成自己住房的时代。那时候，在委内瑞拉，只要穷人们占领了这些废弃的或者是中途停建的建筑，他们就有权利住在里面，谁也不能把他们赶走。对于从那个小门里进进出出的穷人们来说，大卫塔就好像是上天的恩赐。因为大卫塔，旁边是高档的写字楼，他们生活在这个城市的中心。对于穷人来说，以前城乡结合的郊外搭建的棚户区是他们的住所，而现在，他们在大卫塔里实现着属于他们的都市梦。

委内瑞拉在过去的很长一段时间里，都属于拉美经济发达的国家。然而，经济危机的爆发，通货膨胀带来的高负荷使这里大部分居民都难以承受，这个石油大国迅速衰退。走在加拉加斯的路上，可以感受到这个国家曾经的发达与光荣，然而20多年过去了，和很多人说的那样，加拉加斯还是20年前的模样。大卫塔就是那个时代的缩影。在那个大萧条的时代里，不断出现废弃大楼，而这些大楼，甚至是正在交付中的大楼都被强占的事件得到政府的默许。

刘同学曾经进到大卫塔里头拍摄，他说写字楼的结构其实并不适合居住，在"大卫塔"烂尾之前，28层以下的楼层基本设施都安装完毕，因此被强占后，穷人们需要做的就是砌起外墙和安装管道、电力和水力系统。经常能看到里头的居民通过高层的落地窗玻璃俯瞰首都加拉加斯的城中心，而他的身后则是被分割出的狭小空间，放置着一张床和一个小小的电视，仅有的小小空间里还堆积着许多杂物。这样的画面在大卫塔里有成百上千幅，眼前和身后，构成了这个国家穷人们的理想和现实。

我们无从评价政治，也无意于评价历史。强占被废弃的楼房使之变成穷人的家园，甚至变成穷人实现都市梦的方式。这样的故事听起来怎么也不像是发生在二十一世纪，怎么也不像是发生在这个曾经富庶的石油大国。然而大卫塔真真实实地矗立在加拉加斯的市中心，甚至变成了全世界游客、愤青的朝圣之地，几乎所有来加拉加斯的人都会像我们一样远远地看一眼这座摩天大厦。

不管里头发生着多少贩毒、卖淫甚至枪支暴力事件，为了占领废弃大楼，曾经多少穷人为此流血，然而这里书写着那个时代属于穷人们的都市梦。

这是我在这个魔幻现实主义的城市听到的第一个故事。

2 年轻人都逃走了，
这个国家还剩下谁

>

"那些和石油无关、
高学历的年轻人大多逃走了，
或者正在琢磨如何逃离这个国家。"

委内瑞拉女孩儿宝拉曾经是当地一家电视台的记者，在圣保罗，她和我们一起工作。宝拉的工作经历颇有意思，由于来我们这里工作，她会说一点中文。宝拉在中国住过两年多，和我们谈起北京的一切都非常亲切，她最喜欢吃北京烤鸭，经常在后海骑自行车，周末的时候则骑车去三里屯吃饭。在中国的两年是因为宝拉的老公在中国工作，是巴西派往中国的一名驻外记者。而现在她老公任期满了回到巴西，宝拉也随他一起回到了巴西。

一个委内瑞拉女生，嫁了一个巴西人，一起去了中国，现在住在巴西。听起来是一个美好、洋气又国际化的故事。然而每每讲起委内瑞拉，她的祖国，她都会说，她在委内瑞拉遇到了她的巴西老公，然后就离开那儿了。然而每每问她要不要回去的时候，她总是坚定地摇头，说好不容易出来了。

在加拉加斯的时候，给宝拉发微信，终于来到你的国家了。她说，有没有看到委内瑞拉人的绝望？我走到玻利瓦尔像前，仔细端详这个南美英雄，而在广场的另一大片聚集了很多身穿委内瑞拉红黄蓝国旗衣衫的民众，发着宣传单，用大喇叭高喊，查韦斯精神永存。我接过一张宣传单，上面印着总统马杜罗和已故总统查韦斯的照片，写着"跟随查韦斯建设社会主义"。拿出手机，再看了看宝拉的微信，显示"对方正在输入"，不一会儿，跳入一条新消息。

"那些和石油无关、高学历的年轻人大多逃走了，或者正在琢磨如何逃离这个国家。"

我愣在一旁，站在玻利瓦尔的雕像前，同行的蔡老师示意帮我拍一张照片。于是就拍一下了一张在玻利瓦尔这个南美英雄雕像前，我笑容僵硬，一脸尴尬。

　　加拉加斯没有太多旅游的景点，游客来到加拉加斯，大多都是为着朝圣大卫塔那样的英雄主义情结，游客们涌向玻利瓦尔纪念馆、查韦斯墓，或者远远看一眼大卫塔，来亲眼看一看这个国家的时代变迁。路上碰到几个日本女生，结伴出游，闲聊几句，问她们为什么选择来委内瑞拉。她们说，她们就是想过来亲眼看看，这个电视上新闻一直重点关注的"反美斗士"查韦斯的国家，到底是个什么样。美委关系紧张、查韦斯独裁、石油问题，这些国际上的热点问题被各国的电视台以不同的立场报道着，而她们想用自己的眼睛，亲眼看一看，这里究竟是一个什么样的国家。

　　一路上和宝拉断断续续地聊天，而在圣保罗，当我们在一个办公室的时候，从来都没有对她的国家、对这里年轻人的选择和命运有如此浓厚的兴趣。宝拉说她大学关系要好的姐妹现在都已经离开委内瑞拉了。经济萧条，失业率急剧攀升，高通货膨胀，物资短缺，不仅使这里的年轻人失去机会，甚至连维持生活都非常困难。

　　加拉加斯治安状况很是不好，我们一般都去大型商场吃饭。大型商场里，电梯几乎是不运行的，都需要走在停滞的电梯才能上楼。而商场里的半壁江山，几乎一半的店铺，尤其是国际品牌，都大门紧闭。像 Zara 等商店，除了橱窗里的模特依然展示着不知道哪一季的款式，模特头顶还亮着一盏橱窗灯，透过玻璃朝里望去，空空的货架，或是某处散落的零星几件衣服，一副萧条状。作为一个二十世纪八十年代末尾出生的姑娘，没有经历过中国那个物资短缺的年代，看到半个商场空空荡荡的，觉得场面异常萧索。

相比萧条的大型商场，路边的平价超市则是排得长长的队伍，老百姓在这长长的队伍里，用厚厚的纸币，购买米面油等生活必需品。这个国家通货膨胀的严重程度实在是令人发指。官方美元和玻利瓦尔的汇率依然在 1:6，而黑市的汇率却已经惊人地到达了 1:150，并且一直在大幅度波动。我们去出差的时候，会帮驻加拉加斯站的刘同学买一些卷纸、洗衣粉，因为这些生活必需品，常常会断货。

不仅仅是生活必需品。委内瑞拉作为石油大国，享受着世界上最便宜的汽油。但是由于物资匮乏，通货膨胀导致很多人都无法买到汽车。我们采访的一个教授说，现在委内瑞拉既不进口汽车，也不组装汽车，没有商家有汽车可以出售。比如说，一辆 1974 年的二手车都可以卖两万美元，这样的车在美国都已经报废了。

"我原本在加拉加斯的电视台做记者，当我遇到我老公的时候，我一心想要跟他走。"

"我们电视台的很多女孩儿，他们的男朋友都是其他国家的驻外记者，等他们到任了，这些女孩儿都选择跟他们一起到国外去。"

看着宝拉的微信，身处这个国家，感觉很复杂。那些逃走的年轻人，宝拉身边的年轻人，都是传媒新闻领域的。为了离开这个国家，他们能做的是和外国记者交朋友，通过婚姻离开这个萧条的国家。这些姑娘中很多都和宝拉一样，嫁给了驻外记者，跟随他们，回到了他们的国家。幸运如宝拉，跟随巴西记者老公去了中国，现在生活在巴西，这对以前的宝拉来说是难以想象的事情。封闭的国家，外汇受到严格管控，物资匮乏，即使要离开委内瑞拉去别的国家旅游都不是一件容易的事情。买不到机票，或者机票远远高于实际的价格，都使得这个国家的年轻人寸步难行。

"不用再揣着一大摞贬值了的纸币排队去买生活必需品。那些日子真是让人绝望。"

宝拉的妈妈依然生活在加拉加斯。有一段时间，宝拉把她妈妈接到了巴西，与她同住一段时间。但是她妈妈腿脚不便，也觉得在巴西生活不习惯，还是坚持回到了委内瑞拉。宝拉说，她妈妈依然在委内瑞拉过着买东西需要按指纹的生活。

从玻利瓦尔广场回来，我们走过了一家排着长队的国有商店。在委内瑞拉，政府补贴后的民生必需品和汽油价格相对便宜，但是被投机分子大量走私至哥伦比亚，并流入黑市高价转卖，导致国内民众仍要忍受物资短缺的问题。我们走进国有商店，在很明显的地方贴着大大的告示，限制每周民众两次购物上限。这也许在一定程度上抑制了民众恐慌的抢购，但是并不能从根本上解决物资短缺的问题。

宝拉大部分朋友都离开委内瑞拉了，她说没有办法，那里不仅没有机会，连生活下去都困难。他们不知道这个国家未来会走向哪里。

　　年轻人都逃走了，这个国家还剩下谁？

秘鲁：
遍地都是黄金

Peru

>>>

就在这家店的墙壁上，
我们都可以看到这样的字样，
"黄金让秘鲁更强大"，
这样的店面在这个小城里遍地都是。

1 通往淘金的路

>

他们是真的一铲一铲，
在泥地里，挖着黄金，
寻找那条通往黄金的路。

　　我从来都没有做过淘金梦，没有想过有一天会在某一个地方挖到宝藏这种童话故事桥段。也不知道在二十一世纪这个互联网时代，还有一群人，在亚马逊雨林里，在边境线上，做着淘金梦。

　　他们是真的一铲一铲，在泥地里，挖着黄金，寻找那条通往黄金的路。

我和伊万从秘鲁首都利马坐飞机飞到港口城市马尔多纳多港。出发前，伊万拖我去超市进行大采购，我很是不解，我们又不是要去荒野求生，去超市买那么多水干吗。伊万把我们两个人的箱子都装了整整半箱瓶装水后，才说，去机场吧。

马尔多纳多港，这是位于秘鲁南部边境亚马逊雨林里的港口城市，在首都利马以东约960公里，这个港口城市被当地人称为"狂野西部"。飞机快到的时候，我从机舱的窗户往下看，是一片望不到边际的热带雨林，飞机进而盘旋下降，马尔多纳多港像是雨林中央辟出的一小块空地。落地后，发现所谓的机场是一间屋顶漏风的大空屋子，我确实不认为那是机场，顶上年代久远的吊扇，发出慢条斯理的"吱吱"声音，唯一一条狭窄的行李传送带被聒噪的人群团团围住。下飞机我就有点后悔了，这次来是想要拍一个淘金的故事，但是淘金故事的荒野之地，比我想象中的还要野蛮。

把行李放下后，就和伊万一起去寻找我们的新闻理想了。往后的很多日子，我再想起我们拍摄这个故事的场景，都觉得那真是一场大无畏的英雄主义冒险。

我们先在城里转了转，鱼龙混杂的肮脏小城，主干道两旁收购黄金的门面却是一家接着一家。我和伊万走进了其中的一家，问店员这里是不是收购黄金，店里的工作人员都异常警觉，矢口否认，并且迅速将我们赶走。而就在这家店的墙壁上，我们都可以看到这样的字样，"黄金让秘鲁更强大"，这样的店面在这个小城里遍地都是，即使这些店铺里有简单的提炼黄金的设备，他们依然都矢口否认这里收购黄金。最后一家黄金加工店的老板告诉我们，这些店面都是向周围的矿区收购黄金的，并且价钱不菲。

当我们四处打听如何才能去到这个矿区的时候，出租车司机都表示，不认识也不愿意带我们前往，我和伊万再三地央求，终于有一位司机愿意带我们前往，但是表示只把我们带到矿区，如果有警察或者其他人出现，我们必须保证他对我们的拍摄内容毫不知情。

进入矿区只有一条狭窄的公路，秘鲁的这个非法矿区过去几乎全是热带雨林，即使在最近的几十年，还是南美人迹罕至的地区，经过了近两个小时的车程，我们来到了这个秘鲁贫民心目中的淘金天堂。现在这里俨然变成了一个小镇，沿途都是临时搭建的小小棚户，有卖衣服、水果的小摊，卖生活用品的小超市，甚至是简陋的旅馆，所有这些全部都是临时搭建的。

官方统计，马尔多纳多港口人数是 2.5 万，但是没人能弄清有多少新的外来者，每个月都有数以百计的外来人口，其中大多来自安第斯高原。居民们说这个城镇在过去十年里大了一倍。

司机告诉我们，这里是淘金工们日常生活的地方，之所以都是临时搭建的，是因为淘金是一个流动性的工作，淘金工们并不长期住在这里。黄金是有限的，一片地方的金矿开采完后，他们就举家搬到新的地方。

很多时候，淘金的周期非常短，一两个月后，他们就要找新的地方。

除了一个紧挨着一个的棚户，矿区里到处都是大型机器，有很多甚至是废弃了的机器，看上去并不在作业。司机把车停下，示意我们再往里走就能看到真正的淘金工了，但是他并不愿意继续带我们进去，他说，里面很危险。

"你们要知道，这里是边境。而且这里有黄金。"

我不明白司机的话，伊万给我解释说，边境的意思就是这里充斥着暴力、罪犯、妓女，这里是警察疏于管控的地方，罪犯们大多逃离至此，鱼龙混杂，非常危险。而这里更是危险，是因为这里还藏着黄金。黄金意味着纷争，意味着更大的混乱。

我听着觉得很瘆人。暴力、罪犯、妓女，这些词语，仅从表面上看，任何一个都很可怕。我从司机和伊万的话里，听懂了危险，听懂了恐惧，听懂了这些可怕的词语和黄金一起，会产生神秘的化学反应。我知道对于我们来说，非常危险，但是我并不知道这些化学反应是怎么样产生，而又为什么会产生。

司机劝我们不要进去拍摄了，说里面的故事会超出我们的想象。然而这样的故事和未知，这样的亚马逊雨林，南美边境线上的故事，是驻外记者有机会就一定想要亲眼看看的。巴西摄像安德烈曾经和我说，欧洲太有秩序了，一切都井然有序，也就失去了魅力。我问他，那拉丁美洲最大的魅力在哪里，他坚定地告诉我，拉美这片土壤之所以深深吸引着很多有英雄主义情怀的冒险者，是因为这片土地，没有秩序，一片混乱。但也恰恰是这片混乱里，你才能深深感受到拉丁美洲的魅力。

　　在通往金矿的路上，我想起了安德烈对于拉丁美洲的描述。而现在，我不正是在这个混乱的中央吗？

　　这里是边境。而且这里有黄金。

　　伊万示意司机在这里等我们。
　　他跳下车，拿起机器，就要往前走。
　　胆小鬼如我，却还是一路小跑，跟上了他。

2　佩德罗一家的淘金梦

\>

他们就抱着侥幸心理，
也许这次不会遭到抢劫，
这样就能攒下一些钱，
可以带回安第斯山区去，
那里才是他们的家。

我就是这样充满着恐惧，走到了佩德罗家门口，出乎意料地顺利，佩德罗的爸爸给我们开了门，让我们进去。

佩德罗一家是来自安第斯高原的秘鲁人，来到马尔多纳多港已经两年多了，现在他们暂时住在一个简易搭建的木屋里，只有房间是封闭的，厨房就是木屋外的一个小桌子，桌上零散放着一些锅碗瓢盆。厨房边上，就是一条小河，河水脏得看不清深浅，而我们进去的时候，佩德罗的妈妈就蹲在那河水边洗碗。桌子上还放着中午剩下的饭菜。

"家里很简陋，我们常常要搬家，就这么先凑合着。"

这到底是他们第几次搬家，佩德罗已经记不得了，因为哪里有黄金，他们就去哪里。

佩德罗带我们去开采黄金的地方，从他们家往前走不了多少路，就看到一个采矿机器，佩德罗说采矿机器需要烧大量石油才能开始作业，他们很少用，大部分的时间，他们都是手工采矿。

我们来到一片更大的河水边，佩德罗示范给我们看采矿的步骤。他用铲子把底下的泥土集中到一起，然后用河里的水分离这些泥土，寻找黄金。经过约半个小时这样重复的简单劳动，佩德罗兴奋地向我们展示已经挖出的一点黄金，现在看上去是白色的。但他并不愿意告诉我们，就现在挖出的这一点黄金，究竟值多少钱。

半个小时就能挖出一点点黄金，不管这些值多少钱，佩德罗一家的收入也应该很可观，符合我对于淘金工为什么要来这里的预期，巨大的利益诱惑使安第斯山民，离开贫瘠的故土，踏上淘金寻梦之路，也使远离陆地，在亚马逊中间的城市马尔多纳多这个狂野的西部，人口翻番。我脑海里的淘金工是冒险的赌徒，挖到了黄金就变富有，要不然就是贫穷，有点像加勒比海盗。然而我面前的佩德罗，一铲一铲在泥地里挖着黄金，可是生活看上去竟然是一贫如洗。

他们虽然要忍受烈日、恶劣的工作和生活环境，但是产出还是有保证的，并且过去的十年金价涨了五倍，那么他们挖来的黄金都去了哪里，他们为什么依然过着如此贫困的生活？

"我们必须非常小心地工作，防止警察，或者强盗突然冲进来。"

"三天前，我差点就被杀了，他们拿枪指着我的头，抢走了黄金、白银和几乎所有值钱的东西。那几乎是一场屠杀。"

佩德罗和我们描述三天前遭到打劫的场景。他们几个月的辛苦工作，毁于一场浩劫，而可怕的是这样的浩劫在这个小村庄里几乎随处可见。我忽然间明白了混乱的边境线和这里有黄金之间危险的化学反应是如何产生的。

这里一铲一铲用劳动做着黄金梦的淘金工人并不是加勒比海盗，这里有真正的亚马逊强盗。他们拿着枪，把这些淘金工们一铲一铲挖来的黄金瞬间化为乌有，并且时时刻刻甚至威胁着他们的生命。他们就抱着侥幸心理，也许这次不会遭到抢劫，这样就能攒下一些钱，可以带回安第斯山区去，那里才是他们的家。

这样美好而朴素的想法是这里几乎所有淘金工的共同愿望，他们怀揣着改变深山里贫穷命运的信念而来，来到亚马逊淘金，他们没有想到的是，虽然这里用双手就能挖出黄金，淘金梦看上去似乎近在咫尺，而现实是，要真正实现他们的淘金致富梦困难重重，除了抢劫之外，他们还面临着另一个巨大的考验，那就是黄金转手卖到市场的风险。

当我们拍摄完佩德罗的故事，正准备快速离开这个危险的地方，佩德罗的妈妈接到了买主的电话，问下一批黄金什么时候可以去取货。

佩德罗妈妈一下失声大哭，她说上一笔黄金买卖的钱款还没有付清，已经拖欠了好几个月了，现在不但不给钱，又要来拿货。

"他们不付钱，他们拿走了黄金、银子，但是即使这样，他们也不愿意付钱，他们都拿走了，为什么不付我们钱。"

对于淘金工们来说，也别无选择，他们没有市场上买卖的渠道，只能把淘来的黄金卖给那些我们最初在市里看见的那些买卖黄金门面店里面的买手。几乎每一家门面都在这矿区有买手，而他们都大同小异，拖欠货款，甚至欺骗淘金工们。而如果淘金工们不卖给他们，那么他们淘来的黄金便更加一文不值。

1998 年，亿万富翁沃伦·巴菲特在哈佛演讲时，曾经提到黄金的特质"我们从地下把它们挖掘出来，然后把它们熔化，再挖另外一个洞，埋起来，还要雇人看守它们"，他说"这毫无用处，在任何外星人看来都会百思不得其解"。

但是这里是地球，面对黄金老百姓们不会犹豫。正是这一点，吸引了佩德罗一家以及所有在马尔多纳多港淘金的秘鲁贫民。虽然他们面临着生命财产的双重风险，然而他们没有别的选择，已经好几个月没有拿到钱款的佩德罗一家依然在马尔多纳多港日复一日地过着淘金工的生活。

而这也是生活在马尔多纳多港淘金工们的集体生存现状。

正当我沉浸在淘金工们惨烈现实的悲痛中，伊万抓起我的手说，快跑，此地不宜久留。

"快跑到车上去！"

3 黄金是福是祸

>

黄金带来巨大经济利益的同时，
惹的祸却是一条惊人的破坏链，
延绵不绝。

我还没反应过来，伊万就抓起我飞奔，我也没听见什么异常的动静，也没看见什么强盗冲进来，不明白伊万在担心什么。

当我们气喘吁吁跑到车停的地方，司机远远看见我们就给我们开好了车门，我们一上车，几乎是在车门关上的那一瞬间，他使劲儿地踩了一脚油门，车便飞出好几里地。车里没有人说话，大家大气都不敢喘，等司机开出可能五公里以外，他才松了一口气和我们说，他一直在想我们什么时候出来，已经半个小时了，怎么还不出来。

因为就在十分钟之前，他在路边听到居民们议论，有一个中国人和一个巴西人闯进了矿区，不知道他们要干什么。司机说，当地居民肯定已经有人通风报信，而那些非法买卖金矿买主们的打手肯定已经在赶来的路上了。司机和伊万已经松了一口气，而刚反应过来的胆小鬼我却后怕得要死，开始屏住呼吸，不敢吭声，脑补各种打手们来了的场景。

"你们肯定已经被盯上了，还有我这辆车，回去你们就收拾东西，换一辆出租车去机场，坐今天的飞机离开这儿。"

司机缜密地帮我们出着注意，而伊万说，这不是商量，而是必须这么做。已经吓坏的我，更是一点儿主意也没有，只听伊万说，到了旅馆赶紧收拾行李。我浑浑噩噩地把所有东西都往箱子里塞，拖着一团乱的箱子到前台办理 check out，而就在我们走出旅馆的时候，听到旅馆附近的闲散人员议论，听说有中国人进了矿区，还带着摄像机。我赶忙戴上墨镜，和伊万飞跑出旅馆，直奔机场。

这就是我在马尔多纳多港的冒险之旅。回去以后，做了一个系列报道《亚马逊流域偷采黄金调查》，这是整个驻外期间我最喜欢的报道之一。

离开马尔多纳多港，回去的一路上，在整个片子的制作编辑过程中，我都一直在想，明明是一个淘金梦的故事，为什么最后现实是这样的。这些人的淘金梦，以及黄金，究竟是福是祸？

黄金带来巨大经济利益的同时，惹的祸却是一条惊人的破坏链，延绵不绝。在片子后期制作、查资料的过程中，我为这样延绵不绝的破坏链感到恐慌。

从泥土中每提炼一盎司黄金，要产生约三十吨废弃物，超过其他物质，通常要用氰化物和水银来把黄金从矿石中分离出来，这是一个剧毒的工序。

马尔多纳多港的非法金矿里有机器采矿和手工采矿两种工作方式，而那里大部分私人采矿都是简易的小机器结合手工采矿。由于淘金工们并没有先进的技术和机器，采矿条件恶劣，效率低下。而也正是因为缺乏先进的技术条件，私人淘金工们操作机器时对地表会造成巨大的破坏，因此这样的非法淘金活动正在对自然资源、对环境造成极大的破坏。

佩德罗一家遭遇的就是如此。这里的水源都受到了污染，他们必须去很远的地方才能获得干净的水，要么用摩托车、汽车去很远的地方运水，要么在地上挖很深的井，而这样大大增加了他们的生活成本。所以，我们去他们家的时候，看到他的母亲依然在用河里受到严重汞污染的水洗碗洗菜，这个问题根本无法解决。而佩德罗更甚，由于常年手工采矿，他的双脚有时候一整天都要浸泡在这河水里。

据秘鲁政府统计，每年被排放到亚马逊秘鲁部分的汞有30～40吨，超过了上世纪中期日本水俣病的汞污染量。当汞进入水体中，就会对鱼类等水生动物造成负面影响，使鱼中毒，而人如果喝污染的水，食用被污染的鱼，也会中毒。

这也就是为什么伊万在我们离开首都利马之前，给我们带上了整整一箱水，而我们在当地也没有食用任何餐厅的食物，都是啃自带的饼干。然而我们只需要在那里待上很短的时间，而淘金工们却日日在那里生活，他们对目前的生存状况，显示出巨大的无力感以及默然，他们并不认为短期内这里的生存条件能够改变。

黄金让他们走出了贫瘠的安第斯山脉，一定程度上改变了命运，却也使他们在更大程度上面临着新的灾难。

水污染，严重的健康隐患，抢劫盗窃甚至是欺骗掠夺，他们面临着生命财产的多重威胁。

他们为了黄金而来，也为了黄金而承受着本不该承受的一切。

4 三毛的万水千山

>

她的万水千山，她的城，
竟变成了我最爱的城，
真真实实出现在我眼前，
我真真实实踩在这片土地上。

　　秘鲁去过两次，每次都是十几天的长差，做过两个系列片，七八个故事，从南到北，走过了一条长长的路。

　　库斯科是我最喜欢的城市，是第一眼看到，便无来由的喜欢。库斯科是高原，天气一直都是阴云密布，时不时雷声轰隆隆响，来一场阵雨。湿嗒嗒的天气，路上古老的石板路被雨打湿，透出清澈的光芒。武器广场沿街一楼都是各种纪念品、户外用品商店，而二楼是可以看到整个广场的临街餐厅。第二次去库斯科的时候，有一天拍完片，拉着刚合作的秘鲁摄像马丁去沿街的秘鲁菜餐厅吃饭，马丁连连惊叹我居然对库斯科哪家餐厅可以看到绝佳的库斯科夜景，哪家餐厅有最正宗的石器烤比萨如数家珍。

第一天晚餐照旧去了武器广场沿街的秘鲁菜餐厅，照例是一场阵雨过后，餐厅周围亮起了明晃晃的灯光，反射在潮湿的旧石板路上，加上远处山上的万家灯火，这是库斯科最美的样子。马丁说，原来从这个餐厅的阳台上看去，库斯科是这么美。拉美几乎每个国家首都甚至是每一个城市都有武器广场，周围的建筑都打上了深深的西班牙殖民主义的烙印，旧式的木制阳台就是其中鲜明的印记。

和马丁聊天，和他说很多很多年以前，当我还叫不出世界上很多国家城市名字的时候，我就知道远在南美的库斯科。小时候看三毛的书，家里书架有一整排三毛全集。那个时候疯狂地羡慕这个奇女子，去过那么多的地方，走过那么远的山川，路上遇到过那么多形形色色的人，碰到过各种奇妙的事情，她的文字，她的样子，甚至最后她的死亡，都深深让我着迷。如果说小时候非要有一个崇拜羡慕甚至渴望成为的榜样，那么这个喊着远方有多远的奇女子一定算一个。

她的书，除了那本著名的《撒哈拉沙漠》之外，最喜欢的就是写南美的那本《万水千山走遍》，里面的故事其实记忆并不深刻，如果让我复述也有一点困难，但是我清楚记得看那些遥远南美故事时候激动的心情。记得我最喜欢这本书的书名，万水千山走遍，透着一种洒脱、随性的帅气，而其中印象最深刻的一个故事，是关于库斯科的故事。

连绵不断的大雨，冲断了从库斯科到马丘比丘的道路，几天来的洪水让三毛只能在库斯科等待雨停，等待开往马丘比丘的火车。从那么远的中国来，到了库斯科，马丘比丘是一定要去的。就是在库斯科的武器广场上，三毛遇到了严重高原反应的荷兰女生安妮，把她带回了住处，给她服下古柯茶叶，言语寥寥，竟是一个相信前世今生曾经遇到过的故事。

小的时候深深为这个故事着迷。羡慕三毛的奇遇，羡慕她路上的缘分。没有想到，十几年后的我，竟也来到了库斯科，坐在她遇到荷兰女孩安妮的武器广场临街的餐厅里，和一个秘鲁人，讲我小时候喜欢的作家。

库斯科也还在下雨，看着窗外被雨打湿的砖路，像一场时空穿越。

如今，我也来到了这个奇女子曾经到达过的地方，在这里坐火车去那个神秘印加古城马丘比丘。我坐在库斯科武器广场的长凳上，感激山水的相逢，生活里的惊喜和各种神灵的庇护。

从库斯科到马丘比丘，需要先乘坐小巴士到火车站，坐将近两个小时的火车，再换乘大巴车，才能进入神秘的印加古城。如果要当天来回，必须坐一大早的火车，凌晨三点半，我穿好羽绒服，背着书包，抖抖索索走到酒店前台，从茶壶里倒一杯古柯茶，等待来接我的小巴车。

那个寒冷的库斯科清晨，以及那种终于要去马丘比丘朝圣的心情，和那杯古柯茶的味道，至今仍历历在目。任何时候想起来都那样鲜活。

当我和两个来自纽约的女孩一起爬上山坡，经典的明信片上的风景出现在眼前的时候，我们难掩兴奋，大喊大叫，我们终于来了！

天空放晴，古老的印加古城，这个只在书上出现过的名字"马丘比丘"，在我眼前，熠熠生辉。不爱照相的纽约姑娘，也羞涩地让我给她拍下经典的明信片风景照。看来，对于任何人来说，到过马丘比丘，都是一件具有庄严仪式感的事情。在惊叫赞叹之后，没有人大声喧哗，大家沿着古老的石板路，触摸着凹凸不平的石壁，聆听着古老印加之国的声音。

马丘比丘于我，不在于导游讲解，我们赞叹的印加国智慧，不在于所有人百思不得其解终究是如何在这样的山中建造了一个城市；不在于它在南美，路途遥远；不在于徒步爱好者终于走完了印加古道，来到了这座城。

马丘比丘于我的意义是我终于在年轻时候走过了三毛走过的万水

千山，终于在南美这么遥远的地方，感受到一场时空穿越，终于体会了她呐喊的那句名言："远方有多远，请你告诉我。"她的万水千山，她的城，竟变成了我最爱的城，真真实实出现在我眼前，我真真实实踩在这片土地上。我从来没有想到过，自己竟会一个人来到这么遥远的地方，心存无限感激。

在那条印加古道上，在那座神秘莫测的印加古城里，我想，也许这个世界并没有难以到达的地方，全在我们的内心，以及我们走出去的勇气。

那些遥远的路途，那些万水千山。
全是一个敢不敢的问题。

5 最寂寞的魔法喷泉

>

我走了这么远的路，来到这么遥远的地方，
看了著名的创吉尼斯纪录的喷泉。
可是，这却是我看过的，
最寂寞的喷泉。

我是忠诚的热闹爱好者。

秘鲁有太多朝圣一样的存在，比如马丘比丘、纳斯卡线、库斯科
古城、昌昌古城，这些让人心生敬畏且目不暇接的地方已把旅行者的

愿望清单排得满满当当，自然很少有人会注意到首都利马的魔法喷泉公园。作为一个忠诚的热闹爱好者，且同样忠诚的喷泉爱好者，魔法喷泉公园像是给我施了魔法一样，召唤着我。

　　在秘鲁的最后一天晚上，终于赶在当天最后一场的时间前，一个人去看了魔法喷泉表演。夜里七八点，从繁华市中心的酒店打车到喷泉公园，半个多小时的时间，出了繁华的市中心区，利马并不是被各式照明灯照亮的不夜城，很多地方甚至路灯都不是很亮。走进公园大门，甚至有一种漆黑一片的感觉，都不知道入口在哪里。

　　黑暗里，能看到大片大片的人群涌入。黑暗里的人群，都涌向一个地方，没有人说话，窸窸窣窣的声音，像是所有人都约好了要去同一个地方，所有人都收到了同一个秘密纸条，虽然都不说话，但彼此明白终点，明白要达到的地方。我行走在这样的人群中，东张西望，拿着售票处买的公园门票，依旧不知道喷泉表演在哪儿。就像是哈利·波特有一张前往霍格沃茨的车票，却不知道九又四分之三站台在哪里一样。

　　迷茫中，我看着黑暗中的人群，有骑在爸爸头上的孩子、卿卿我我的情侣、拄着拐杖互相搀扶的老夫妇、蹦蹦跳跳的少年，大家都看着表，走向同一个方向。我盲目地跟随着人群，也被推着向前走。喷泉公园是由很多个大大小小的喷泉组成的，一共由 13 座形状不一，表现方式也不尽相同的喷泉组成。跟着人群，走过一个喷泉走廊，一排水柱按 45 度角往上喷，在高处形成个 90 度的角转向下，整个水柱形成一个等边三角形的走廊。黑暗中，水柱被亮白色的灯光照亮，在里头穿梭的人群顿时绽放出鲜艳夺目的色彩。三两个少年互相嬉戏，抱着孩子的父母眼神明亮如孩童一般。

国内好多城市，无论是北上广还是三线城市，都有喷泉地标，一度音乐喷泉这个词语都变得很俗，几乎所有的城市都大兴音乐喷泉，几乎所有的城市都号称自己的音乐喷泉是某一项纪录，几乎所有当地人都要带外来的客人看一看自己城市的喷泉。

往往游客们很不理解，不就是一些破水柱子喷水吗，不明白为何当地人如此津津乐道这些各式各样其实又大同小异的音乐喷泉。

苏州金鸡湖畔十年前就有一个音乐喷泉。十几岁到二十出头的很多年，我都在北京，很少回家。每次回家，恺恺都会说，带你去看金鸡湖的音乐喷泉，像是一个非常神秘且有仪式感的事情。不巧的是，很多次，不是时间合不上，就是终于决定去了，发现当天音乐喷泉取消，又或者江南阴雨连绵，总是下雨。我始终和金鸡湖畔的音乐喷泉无缘。终于在我来巴西驻外前回家的那个假期，等到了天时地利人和，和恺恺，还有一大家子人一起，看了一回金鸡湖的喷泉。

喇叭里播着江南传统的小曲，光影变幻，喷泉随着音乐声的此起彼伏变换着造型。我一直都觉得这个世界上的喷泉都是有力量的。无数陌生人为了同一群水柱而来，大家围着水柱欢呼、雀跃、鼓掌、欢笑，是因为这群水柱具有神奇的力量，在喷涌而出的刹那间，迸发出巨大的力量、散发出光芒、带给人欢笑。而金鸡湖畔的音乐喷泉独有浓浓的温情。

很多年没有在苏州，虽和恺恺从小一同长大，分享了一整个童年、少年的时光，却跳过了快速成长的青年时代。和他分隔北京、南京上大学，也和他分隔北京、苏州工作，好像少年时期以后的很多年，都没有彼此分享时光。而在这天金鸡湖音乐喷泉的光影里，在江南小调的曲子里，两个长大后的小孩，还有一大家子人一起，在这短短的几十分钟时间里，停在这里，面对着同一个盛大的场景，感受着同一场妩媚音乐的盛宴。我们已经很久没有一起分享一根棒棒糖的味道，很多时间我们都独自面对着各自不同的人生。而那个时刻，一大家子人一起在同一个时空里分享着眼前同一种绚烂，这样的感同身受，是过去的很多年里，都没有出现过的景象了。

和看电影一样，一群陌生人，在同一个密闭空间里，随着故事情节的起伏一同快乐，一同悲伤。而和电影不一样的是，看电影，可以是一个人和一群陌生人一起分享快乐和伤悲；而看喷泉表演的快乐，需要在那时那刻，有彼此亲近的人，和你一起，面对如同烟花般绚烂的喷泉。

而这个道理，一直到我独自一个人在利马看过魔法喷泉公园，创下吉尼斯纪录的喷泉表演后才慢慢懂得。

魔法喷泉公园里最大的那个喷泉每天晚上有两场表演，时针接近八点半的时候，黑暗中的人群聚集到一个硕大的喷泉面前，静静地等待着一场盛大的表演。

76米高的魔法喷泉，随着音乐的变化，整组喷泉呈现出纷繁复杂、变幻莫测的造型，水柱起起落落发出巨大的声响，混杂着孩童们兴奋的尖叫声。喷泉施展着它的魔法，不仅会随着音乐跳舞，伴随着光影秀，水幕中还映射各种梦幻的形象。无论是古典的天鹅湖还是各种秘鲁当地的民族舞蹈，水幕中舞蹈的精灵伴随着欢乐颂与水一起翩翩起舞。我前面骑在爸爸头上的小孩，指着水幕回头和妈妈说，看，那是蓝精灵！

欢乐的人群像是在黑暗里终于看到了霍格沃茨的城堡，欢腾着、叫喊着。然后，突然间，音乐停止、水柱下降、欢乐的人群散去，留下光秃秃的喷泉眼。但人群没有因为音乐停止而沮丧，相反各自分享着彼此的感受和欢愉，像是被魔幻喷泉打了一剂强心剂。而我，一个人独自离去，觉得像是回到了刚进入公园时的漆黑中，找不到出口。在寻找出口的路途中，遇到了一处环形的喷泉，里里外外一共很多层水柱，不规则地往上喷水，进进出出的人们，算好时间，看能不能顺利躲过层层水柱进入中心。妈妈教小孩子何时往前跑，小孩子们拉着手一起向前冲，淋湿了一身，却依然尽情地欢笑，而爸爸们在圈外，举着相机叫唤着喷泉里头的孩子，孩子冲着爸爸们招手，定格了最欢乐的笑脸。我静静地站在环形喷泉外，看着这里欢乐的一切。

我走了这么远的路，来到这么遥远的地方，看了著名的创吉尼斯世界纪录的喷泉。

可是，这却是我看过的，最寂寞的喷泉。

PART - 09

Costa
Rica

哥斯达黎加：
全世界最幸福的国家

>>>

——————

哥斯达黎加人笃信的幸福哲学就是纯粹的生活，
就像他们彼此打招呼的方式。

1 今天，你"碳中和"了吗

>

"碳中和"是一种更贴近自然、
更贴近地球本真的生活方式，
也让所有来到哥斯达黎加的游客们，
在经过这个环保国家洗礼之后，
陌生的外国游客之间，
互相问候的方式变成了：今天，你"碳中和"了吗？

　　以前我总觉得拿空气说事是个特矫情的事儿。比如说，北京一有雾霾，朋友圈齐刷刷发的都是各个角度，灰蒙蒙里，雾里看花的大裤衩。但凡不是央视的同事，发的都是从车里拍的能见度不足五米的道路。再不然就是上海蓝天白云下的陆家嘴外滩，以此嘲笑北京的雾霾。

北京雾霾严重这个事儿，确实是在我来巴西驻外以后，愈演愈烈，甚至造成了恐慌。我还记得 2006 年去北京上大学的时候，家里的同学都嘲笑我，小心北京沙尘暴把你吹走。但是，上大学以后的很多年，北京都没有沙尘暴，一度我还很沮丧。我在北京的那些年，空气虽然也不怎么样，但是并没有特别的感觉。还在老台的时候，偶尔还会觉得今天能见度好高，从复兴门能看到西山。而我来巴西以后，每天蓝天白云，也没有把空气当回事，但每当看到朋友圈齐刷刷发雾霾大裤衩的时候，才有隐隐的优越感。

其实，对于空气，我本身并没有特别的感觉。

过海关时，工作人员把护照还给我时，笑眯眯地对我说 Pura Vida，我觉得很奇怪，不明白工作人员为什么要感慨纯粹生活。后来发现，这是哥斯达黎加人特有的一种打招呼的方式，无论是见面，还是最后道别，都会互道 Pura Vida。我自己翻译过来，就是见面互相问候，你过得好吗，回答说，享受自然生活。而这种对于自然的重视，对自然、纯粹生活的追求，弥漫在这个国家的空气里。

出了哥斯达黎加首都圣何塞的机场，在各种工作人员 Pura Vida（纯粹生活）的问候声中，我觉得眼前有一种史无前例的干净感，像是擦去了眼镜上的灰尘，眼前突然明亮了起来。我开始不明白这种变化是为什么，觉得这里的一草一木、一树一花都色彩明亮，干净透明。坐在出租车上，一路从机场去酒店，整个圣何塞道路上几乎没什么人，鲜有高楼，一马平川，一点儿也不像是座城市。

翻开任何一本关于哥斯达黎加的旅行杂志，山水、动物、森林是永远的主题，自然旅游、生态旅游、观赏野生动物等字眼比比皆是。
11月底12月初，哥斯达黎加的雨季刚刚结束，正是生态旅游开始的
季节。首都圣何塞的旅馆住得满满当当，都是来自世界各地的观光客。
生态旅游，在全世界都有，而为什么哥斯达黎加的生态旅游被奉为圣
经？为什么全世界都在和二氧化碳进行较量的时候，这个国家敢站出
来说，他们的目标是到2020年，成为全世界首个实现"碳中和"的
国家？

　　"碳中和"这个词是到了哥斯达黎加以后才知道的，而这个词正是
这个国家空气干净的全部秘密，也是这个中美洲国家在环保方面走在
世界前列的关键因素。所谓"碳中和"，就是我们通过计算自己日常活
动直接或者间接制造的二氧化碳排放量，然后通过植树或者开展其他
环保项目，来抵消大气中相应的二氧化碳量。这是人们对于地球变暖
的现实进行反思后的自省、自律的行为。

　　联合国气候大会即将在利马召开，此次来哥斯达黎加就是来探寻
这个南美先锋的节能减排道路。我们原本还在发愁如何找出这个国家
在环保方面的特色和细节时，没承想从我们到达，哥斯达黎加就开始
自动给我们答案。

　　来到酒店办理入住，门口贴着大大的证书，这家酒店是政府认可
的达到"碳中和"标准的认证酒店，也就是说，这家酒店以及里面所有
的住客在入住期间，不会给环境增加任何多余的二氧化碳排放。我一

开始并不能相信，觉得这一切不过是噱头，而我们走到前台的时候，就收到了一页 A4 纸的"小贴士"，上面密密麻麻用西班牙语和英语列着二十多条教大家如何做一个保护环境的客人的提示。与其说是善意的建议，不如说是需要严格执行的要求，因为一点一滴的节能，都是经过严格计算的。

这些条目都是我们力所能及的，比如空调温度建议 26 摄氏度，洗手擦肥皂的时候就可以把水龙头关掉，重复使用毛巾，尽量不要每天都更换毛巾等等，都是一些非常微小的细节性问题。

酒店负责人带我们参观了分类垃圾箱，针对游客的分类垃圾箱和专供酒店厨房的是分开的。酒店厨房产生的垃圾都被运送到专门的分类垃圾箱，牛奶纸盒、易拉罐、纸箱等等全部做分类处理。酒店所有的供热系统全部使用太阳能。负责人告诉我们，这些都是酒店能做到的部分，还包括，酒店提供的机场接送服务，只提供大巴车接送，而不是私人商务车，因为连酒店提供车前往机场所排放的二氧化碳也要被精确计算在内，所以大巴车一次能接上尽量多的客人，平均消耗的二氧化碳量就少了。

那些客人们需要做的，大部分只能靠客人自觉，而酒店则把这一切都考虑得细致入微。比如负责人给我们讲解酒店水龙头里的水。酒店里所有的水龙头都是经过特殊处理的，他们在自来水里注入空气，这样的话，水龙头打开的时间相同，消耗的水量却减少了，他们通过这样的技术，来使游客们节约用水。

正当我觉得这些事无巨细的要求会影响客人的住店心情时，我们看到一个三十多岁的德国游客在和一旁两三岁的小男孩讲解为什么这里有那么多分类垃圾箱，直到小男孩跌跌撞撞终于把可乐罐头丢到了正确的垃圾箱里。

我迎上前去想要和这位德国游客做一个采访，她欣然应允，而且说得很实在。她说这个世界上有很多时髦的东西，我们都争相追逐，大家会去排队哄抢 iPhone，买限量的包包，而殊不知，力所能及给这个地球不增添负担才是最最时髦的事儿。她指着她的小男孩儿说，一定会有一天，或许是在他们这一代，他们一定会为自己没有给这个地球增添负担，而觉得骄傲。

就像哥斯达黎加人一样，他们常年生活在洁净的空气里，周遭的一切都是那么鲜亮、透明，所有人互相问候的方式都是，Pura Vida。"碳中和"是一种更贴近自然、更贴近地球本真的生活方式，也让所有来到哥斯达黎加的游客们，在经过这个环保国家洗礼之后，陌生的外国游客之间，互相问候的方式变成了：

今天，你"碳中和"了吗？

2 何为最幸福

>

这里的好就在于你能在这山水草木间，
在这人与自然的和谐共生间
来体会他们的 Pura Vida。

　　我从哥斯达黎加回到圣保罗以后，很多朋友都问我，哥斯达黎加好玩儿吗，我一时都不知道该怎么回答。我去哥斯达黎加是拍摄环保类的选题，为秘鲁的气候大会做预热片的报道。如果从环保角度来看，这个国家的很多方面无疑是样板，这个发展中国家的"碳中和"道路甚至走在了世界的最前列，把很多号称注重环保的发达国家都远远地甩在了身后。

从一个记者的角度，或者是研究环保话题专家学者的角度来看，这一定是一个有意思的国家，这个国家的各个角落都能找到令人惊喜的环保创意，甚至从一个经济学家的角度，也可以去分析这样一个拉丁美洲的发展中国家究竟投入了多大人力物力，而这个国家经济的发展又靠什么行业来维持。

然而非要从一个纯旅游者的角度，我真是一时不知道如何来描述。这究竟是不是一个有意思的国家呢？哥斯达黎加一面临太平洋，另一面是加勒比海。当地人都说太平洋那一面的海比加勒比要美，我去了圣何塞的那个太平洋海边，单论海洋，那完全被牙买加、委内瑞拉的加勒比，甚至是巴西的大西洋沿岸给比下去，所以去哥斯达黎加看海这一定不对。

哥斯达黎加的众多粉丝中，大部分是美国游客。主要也是因为美国离哥斯达黎加很近，且当地消费相对便宜，自然成了美国人的度假天堂。美国人在哥斯达黎加享受的是自然的山水、森林、观赏野生动物和雨林探险。但如果要从野外探险或者自然山水来评价，那么哥斯达黎加也一定逊色于亚马逊雨林，巴西离美国毕竟还是很远。所以，美国游客们口中的度假天堂对于中国游客来说是否值回票价，这一点我一直都是持保留态度。而我又很讨厌自己把明明一个度假的国家描绘得似乎一文不值，看上去更像我是那个无趣的人，而并非那是一个无趣的国家。

回来以后的很长时间我都在想，这个国家究竟有什么不一样，这个在我看来海不如加勒比，自然风光不如亚马逊的国家，还有什么独特的气质。

而答案却是全世界普世追求的。

人快乐。

在一项关于幸福指数的调查中，名不见经传的拉美国家——哥斯达黎加高居全球幸福指数排行榜的首位。这项调查由很多指标所构成，而其中衡量幸福指数很重要的一项是人与自然的关系。

大多数的发达国家，或者说现代化发展更为迅速的国家以及大城市，衡量幸福的标准很多都是人为的指标，收入、住房、汽车这些都是有了人类社会以后，人类创造出来的。我们似乎根本再也没想过在人类文明社会、科技进步之前，人是如何在这个星球上存活并且发展的。如果快乐可以用时间来衡量的话，那么一个占尽所谓社会资源的成功人士的快乐时间并不会比一个普通老百姓多太多，甚至可能从内心微笑的时间更少。

所以，这个星球上究竟什么东西让我们快乐？

我们本来就是和大自然的万物，草木、森林、动物、山水、河流、大海一起存在的。我们跟随着太阳，日出而作、日落而息，我们的感官是我们幸福的来源。哥斯达黎加人说，我们的身体感官和自然万物是连接在一起的，我们的祖祖辈辈最先感受到的幸福也正是这些，一抹朝霞或是一缕清风。那些金钱物质、大房子、豪华汽车，都是后来的事情了。

哥斯达黎加人笃信的幸福哲学就是纯粹的生活，就像他们彼此打招呼的方式。我之前问过哥国环保方面的专家罗德里格，他是我的一个采访对象，我问他每天和朋友或是陌生人彼此问候，说"Pura Vida"是一种什么感受。

我记得罗德里格教授说，从大家彼此问候的方式可以看出来一个国家的人们普遍关心什么。伦敦常年阴雨连绵，人们拿着长柄伞彼此见面问候，讨论今天会不会下雨，而哥斯达黎加人则是享受在这得天独厚的青山绿水间，简单生活，就像彼此问候过得怎么样，Pura Vida就是大家追求的。

罗德里格有一个咖啡庄园，远离圣何塞市区，在开车两个多小时才能到的郊外。我去过巴西的咖啡庄园，咖啡树苗整齐划一、树间距，高矮都是经过严格计算测量，巴西的咖啡行业，那是整齐划一的机器大生产。哥斯达黎加这个私人咖啡园，简直可以说是乱草丛生，咖啡树苗和其他种类的树木混种在一起，高矮错落，形成面积或大或小的树荫。地上很多掉落的其他种类的树叶，也没有人扫去，就落在土壤上，或干枯，或被土壤腐蚀，一派野蛮生长的景象。

我们走进去一小会儿，我就被蚊子咬了好几个包，低头仔细看，各式各样的虫子正在空中，水塘里，和土地上愉快地玩耍。我想要迅速离开的时候，罗德里格告诉我，这里生产的咖啡完完全全做到了"碳中和"，排放的二氧化碳完全能自行抵消。

咖啡树苗需要适当的阳光照射，咖啡树苗和其他树苗种植在一起，就能形成错落有致的树荫，这对于保护咖啡树苗的成长非常重要。如果没有这些树荫，整齐划一的咖啡园，那么必须使用其他化学物品才促进它们生长。而其他种类树木的生长也使这里形成了一个小型的生态循环，掉落的叶子，甚至是咖啡豆的壳都变废为宝，成为有机肥，减少化肥生产带来的碳排放。这个小型的生态圈其实就是大自然本来的样子，没有杀虫剂，没有化肥，没有单一品种的草木，却有我虽不能接受，但就是大自然的形态各异的虫子。罗德里格说，我们种植咖啡，是因为人类喜欢喝咖啡，但我们一定要以大自然喜欢的、天然的方式来种植。

当我不停地在咖啡园里拍蚊子，罗德里格却一脸淡然地指给我看各种植物草木的时候，我明白了哥斯达黎加人的幸福。我不能接受一切失去控制的事物，比如杂草丛生，比如蚊子嗡嗡叫，我喜欢人类建造的整齐的马路，修剪一致的树苗，这并没有错，但是遗憾的是我居然无法在这样一个原生态的咖啡园里和大自然共处哪怕十分钟。我不拥有哥斯达黎加人的 Pura Vida。

后来，我终于能回答哥斯达黎加有什么好玩这个问题。这里的好就在于你能在这山水草木间，在这人与自然的和谐共生间来体会他们的 Pura Vida。

而且，这里。

人幸福。

PART - 10

厄瓜多尔：
地球是人类的还是动物的

Ecuador

>>>

———

"这是一个动物的群岛。
在这些个岛屿上，动物才是主人。"

1 物种起源之地

>

达尔文的适者生存，在这里表现得异常美好。

适者生存，只是需要适应环境，

都可以长成自己喜欢的样子。

我在来巴西后没多久，看到王潇关于输赢心的说法。

"想知道什么叫输赢心吗？时光倒退一万八千年，咱哥儿几个在山顶洞下面蹲着，后面来了一食人野兽，这时候你一迈腿，发现自己跑得最慢……这就叫输赢心。"

也不知道为什么飞机从厄瓜多尔港口城市瓜亚基尔飞往科隆群岛的时候，突然想起了这段话。而这句话再解释得直接一点，就是我们小时候自然课本上学的，适者生存。

当然，当年那个扎着小辫，在江南闷热的下午，歪着脑袋听自然课的小女孩怎么也不会想到，自己居然有一天会去到老师口中那个伟大的科学家所去过的地方。那个科学家竟是在这个地方，受到启发，提出了适者生存，提出了生物进化论，回去以后写出了《物种起源》，100 多年以后他的图片出现在了一个小女孩的课本里。

每一个孩子都知道这个科学家，他叫达尔文。

科隆群岛位于南美大陆以西 1000 公里的太平洋，它由海底火山喷发的熔岩凝固而成的 13 个小岛和 19 个岩礁构成。去往科隆群岛的只有三个航空公司，以及为数不多的几个航班。我去的时候正好赶上当地的狂欢节，提前一周普通航空和廉价航空的所有机票全部售罄。越难以到达，越困难的旅行，一般越让人期待。于是改了行程，买了昂贵的机票，觉得也许此生一个人独自来到这个太平洋中间群岛的机会，就此一次。飞机飞行在太平洋的时候，简直就是一种朝圣的心态。

因为我知道，在 100 多年以前，达尔文乘坐一艘叫作"小猎犬"号的海军考察船，开始环球航行，而中途停靠在科隆群岛的时候，这位伟大的科学家正是 26 岁。而我竟也是要在和他一样的年龄，降落在这个群岛上，看一看这个由此发现物种起源的群岛。

虽然现在的科隆群岛的主岛圣克鲁斯附近修建了机场，而其实机场并不在主岛上，下飞机后需要乘坐机场的摆渡巴士再转乘当地小巴车或者出租车才能到达码头。码头上有很多小船，棚顶上写着"TAXI"，坐上这样的 TAXI 才可到达圣克鲁斯岛。

这里的海水并不是加勒比那样的碧绿或深蓝，而是太平洋的中蓝色。坐在小船上环看周围，四处广阔无边，远远看到一个大岛，天空中有很多我叫不出名字，也从未见过的美丽大鸟飞过，时而旁若无人地停靠在我们的小船边沿，看看我们，又飞走了。还没进入主岛，看着蓝天白云下广阔的大海和海鸟，就感觉科隆群岛确实是动物的地盘，多少年以来，它们在这里栖息繁衍，人类的痕迹始终不浓重。

就在游客们拿着各自的长枪短炮对准这些长相各异，且都叫不出名的大鸟时，船夫说，科隆群岛的 13 个小岛上生活的鸟类，即使同一种鸟类的形态和习性也大不相同，因为科隆岛的自然环境以及气候变化实在太过于丰富了。100 多年以前，达尔文来到这里的时候，就发现了这一点。群岛上的鸟类和海龟，在各个小岛上表现出不同的生活习性，甚至导致外观的改变，它们为了适应各自岛上不同的自然环境而发生变化。

这个重大的发现，正是后来达尔文所阐述"适者生存"这一论点的重要论据，在这里一个多月的考察，他认识到自然也能对物种进行选择。

物竞天择，适者生存。这原本被我认为是这个世界上最残酷的八个字。记得小时候学这八个字的时候，老师讲的是优胜劣汰，讲的是竞争和输赢。而真正到达这个《物种起源》源头的群岛时，感受到的却是另一番景象。

满目望去，好像能看到这个世界所有自然界的生长。科隆群岛上耸立着一座座高大的火山，一些火山口形成的天然湖泊看上去像是夺目的蓝宝石。在岩礁的石头上，我第一次看见了蓝脚鲣鸟，有非常大一群，这个我只在图片上看到过的物种，居然就在我眼前，而这鸟脚掌的蓝色，我之前一直调侃是 Tiffany 蓝，而当真的亲眼看到的时候，觉得蓝得比任何 Tiffany 的珠宝还要明亮夺目。导游带着我们开了二十分钟的车程后则是完全不一样的地貌，高地上一片片大大的草原，甚至连气候也变了，刚才还是阳光直射，晒得脸上生疼，到了高地天气瞬间转阴，云雾缭绕，湿气很重。高地上生活着科隆群岛最著名的大海龟。

还没走近，远远就听到大海龟发出的巨大声响，走近一看，巨型象龟确实大得超乎我的想象。身长超过 1 米，我躲在大海龟身后照相，显得像是特别小只的人类。后来，在伊莎贝拉岛等其他小岛上也看见了这样的象龟，除了个头大小差不多以外，仔细观察，身形外貌特征表现出明显的差异。

火山形成的礁石上有美丽的蓝脚鲣鸟，而大象龟在不同的岛屿上又长成了各种不同的样子。达尔文的适者生存，在这里表现得异常美好。没有优胜劣汰的残酷，或者说，我们可以不用优胜劣汰这样残酷的眼光去看待这个星球上动物的进化、人类的繁衍。又或者，当我们接受大自然选择了我们，我们就可以在各自不同的土壤上，适应环境，长成自己喜欢的样子。

来到科隆群岛前，很长的一段时间，我一直都非常焦虑。2015年了，快要27岁的女生今年面临很重要的人生选择，是继续过驻外记者这样我梦寐以求自由自在的生活，继续看看这个大大的世界，还是回中国，走回一条所谓循规蹈矩的正常生活。我一直没有想好。

因为三年在陌生的拉丁美洲，呼吸着自由的空气，国内的琐事好像已经离我很远，我深知新鲜环境带来的刺激以及给自身成长带来的美好，到底怎么选，我一直很犹豫。

适者生存，只是需要适应环境，都可以长成自己喜欢的样子。连大海龟都可以在不同的岛上有不同的样子，不同的生活习性。小女孩不应该害怕面对新环境，尝试没有经历过的生活。

2 海狮的生活方式

>

是不是拥有的少，
才能得到更多的自由？

　　我最喜欢的一张在科隆群岛拍的照片，是两只海狮四仰八叉地躺在供游客休息的长凳上。横躺着的两只萌海狮，几乎霸占了整个长凳。中午烈日炎炎，科隆群岛的冬天依然炎热异常。而长凳旁边的大树辟出一大块树荫，给海狮遮挡阳光。周围的游客，都围观着拍照，小声说话，生怕打扰了这两只萌海狮午睡。

"这是一个动物的群岛。在这些个岛屿上，动物才是主人。"这是每一个来科隆群岛的游客从踏上群岛开始最先也是最常听到的一句话，而在岛上的日子，无论是出行还是观光都在不断地证明这句话的正确。

科隆群岛岛屿和岛屿之间其实相隔并不算近，两层的快艇船也并非只是因为接送游客而存在。这些双层快艇船大概可以坐上十几二十人，群岛岛民就是靠这样的出行工具往来于各岛之间。岛民很多都是爷爷辈从厄瓜多尔陆地来到群岛生活，而后祖祖辈辈就在这里生活下来，所以很多人在各个岛上都有亲戚。

快艇船有固定的开船时间，对于岛民和游客都是一样的，每天早上八点多开始就有船出发，因此大清早在码头一直都可以看到拥挤的人群排着长长的队。上船前有一项严格的检验包包的工作，所以每天上船前都要花很长时间，也就形成了很长的队伍。不管是小的手提包还是背包客硕大的背包和旅行箱，通通都需要开箱检查，以保证没有携带任何生物。而检查工作完成后，工作人员会用一个小扣把包的拉链锁上，防止包里的任何物品掉在海里，破坏当地生态环境。

到达岛上，码头上的工作人员会拿着一把剪刀给每一个包包开锁。这样的工作在每一次坐快艇船航行的时候都要重复一遍，这样重复机械的操作我反而觉得非常敬佩，真的连一块儿饼干碎渣都不会掉进海里，因为有一次没吃早饭，匆匆跑去码头赶船，跳上船才发现，这里不能在船上吃早饭。

圣克里斯托巴尔岛最著名的就是观看海狮。下午太阳快落山的时候，白天比基尼女郎和冲浪少年休息的沙滩变成了海狮们的地盘，傍晚时候我走到海滩边，想要吹吹凉爽的海风，走近海滩才发现，海滩上躺满了一大群一大群海狮宝宝，形态各异，姿势多样，根本就没有给懒惰的人类留下任何空地。白天科隆群岛天气炎热，海狮们大多在海里游泳，而到了傍晚时分，成群结队的海狮便到沙滩上纳凉，也许它们也在等待科隆群岛最美的落日。

科隆群岛是一个万物生长的地方，同样是人烟稀少，亚马逊雨林里有一种深邃的畏惧感，而这里却好像是侏罗纪公园，能够看到这个星球没有人类之前，大自然和动物之前是如何和谐地生长，动物和草木之间究竟是怎样的彼此依赖。傍晚的时候，一群人走在海狮满地的海边，感觉我们是一群闯入者，我们不懂它们的快乐，而它们也不懂小小人儿的焦虑和伤悲。

导游说，海狮们热了就去海里游泳，游累了就上岸边找个树荫歇会儿，傍晚天气最凉爽，所以它们成群结队地霸占了整个海滩。

确实是说者无意，听者有心。导游其实就是在讲解为什么傍晚突然海滩上躺了这么多海狮，一个美国游客就感慨，住在海边、醒来、觅食、游水、玩耍、乘凉、看日落，这是财务自由后的理想生活。而海狮宝宝们其实什么也不拥有，却过着如此自由的生活。所以，拥有的少，才能得到更多的自由。

他说完，周围人一下安静了下来，连刚才在噼里啪啦用长焦镜头拍摄海狮宝宝们各种睡姿的德国人也放下了相机。大家一同看着眼前这幅图画，晚霞满天的圣克里斯托巴尔岛，海风习习，一沙滩睡姿各异的海狮们，旁若无人地伸着懒腰，时而起来挠挠痒痒，翻个身接着睡。它们不知道，在它们旁边的这一小群人类突然安静下来，来自不同国家的这些人类此刻都思考着这同一个问题：是不是拥有的少，才能得到更多的自由？

做驻外记者久了，不是坐交通工具赶路，就是落地直奔工作现场。很少时间停下来。2013 年，我一度觉得在交通工具上的时间是最幸福的，比如夜晚的长途飞机上，我在飞机上一直睡不好，索性脑子里全然放空，听歌发呆。说最幸福是因为，出发前总有焦虑不完的琐事，而落地后就要开始工作，这段未到达的时间却是难得的安静自在。后来听了好多歌，都能想起来是哪段旅途中听的，而那段旅途中又在想着什么样的心事。

而在这个傍晚，望着眼前这一幅动物与自然的画面，看着夕阳西下，这是我在地面上第一次感受到和未到达的空中一样的恬静适然。

而且不需要听什么歌，就是听着这浪花拍打沙滩的潮水声，觉得自己和心灵从未和这个星球贴得如此之近。没有任何琐事烦恼，不被世俗世界里那些永远做不完的工作，那些过往，还有未来所牵绊。如果我们不曾拥有，也许真的会更自由。

后来，手机里的照片存满了，都拷到电脑里。但那两张两只萌海狮霸占一个长凳和一大群海狮在沙滩上纳凉的照片始终留在手机里，让我能随时想起这个最接近大自然的群岛和那个美国游客关于自由的说法。它们给我勇气，让我能看清前方的道路，不被一时的得失所羁绊。

所以，我们需要旅行，去到这些陌生的地方，然后才有力量深吸一口气，一头扎进世俗的生活。

3 科隆群岛的除夕

>

我在科隆群岛的大排档上，

迎接了 2015 年的农历新年。

我从来没有像这一天一样感激那些自由和远方。

　　这些年的春节也都是在拉美，但总是和一群人热热闹闹地过。况且，这个世界上有一个公司叫作华为，我总觉得只要我还在这个星球上，那么哪里都有华为公司的人，2014 年春节一个人在巴西利亚出差，总有华为的人在，不至于没有年夜饭吃。想来驻外三年，在各种飞机上、路途中，或者是驻地圣保罗，认识很多华为公司在世界各个地方的朋友，和他们萍水相逢，却惺惺相惜。

2015 年的春节，来到了远离大陆的太平洋群岛，朋友圈晒的全都是各种回家，年夜饭和一家人的团圆照。圣克鲁斯岛上有一条小街，一到晚上街两旁的饭店会把各种塑料或木头的桌子摆到街中间，各种海鲜沿街摆了一地，点着明亮的黄色灯泡，像极了国内的大排档。来之前咨询了做过攻略的朋友，说岛上有什么美食，推荐的就是这里。有一家店面两个大屏的电视机上，不厌其烦地反复播出 Discovery 在科隆群岛拍的纪录片，就在这家店里取的景，后来三天吃下来，这家的蒜烤龙虾确实料最足，也最够味。

我就是在这条大排档的美食街，在熙熙攘攘的人群里，亮黄色灯泡把黑夜都照亮的晚上，和两个日本女生拼桌，吃了自己的年夜饭。

圣克鲁斯岛上最著名的美食就是大龙虾了，便宜又好吃。我去的二月正好是吃龙虾的季节。之前就听去过的朋友说，如果下半年去，错过了龙虾季，那么岛上的食物品种真是屈指可数，难以下咽。大排档美食街，各个店面把一只只龙虾按照个头大小分类摆好，10 美元、15 美元、20 美元三个档，自己挑了龙虾，和店主说要哪种做法，可以直接烧烤、蒜蓉烤，也可以生吃，做成类似秘鲁的酸橘汁腌鱼，只是这里是腌龙虾肉。除了龙虾以外，还有新鲜捕捞上来的各式海鱼，也可以自己挑选了，让店主用锡纸包起来，放在炭火上烤。

一个人出差、旅行了这么久，已经习惯了一个人吃饭。只是国内的大年初一早上，科隆群岛的除夕夜，这么有仪式感的日子，小女孩终于还是不能免俗，觉得一个人吃饭略显凄凉。出门之前借用客栈的Wi-Fi，刷了朋友圈，铺天盖地晒的都是前一夜的家宴。从客栈走到大排档的时候，已经挤满了人，在那家反复播纪录片的店面，挑了一只龙虾，又挑了一条海鱼。店主问了我三遍，你确定吗？他觉得一个如此小小身躯的姑娘，怎么食量这么大，而且前两天也在这里吃饭，店主其实已经相熟，前两天都是点了一人份的食物。

我只能尴尬地笑笑，胡乱想出了一个理由，说，这是我在科隆群岛的最后一晚了，要好好享受你们的美食。我宁可说出这个略怂的理由，也不想解释今天是中国的除夕夜。就好像在陌生的地方过生日，一个人去餐厅吃饭，总也不会和陌生的侍者说今天是我生日一样。想起了驻外一周年之前，2013年5月，小伙伴们提前帮我庆祝驻外一周年，一起在圣保罗的猫头鹰餐厅喝酒。小伙伴告诉了餐厅的侍者我们庆祝的原因，侍者还送来了一块小蛋糕，点了一根蜡烛，一群人拍手庆祝，像过生日一样。所以这些所谓的节日，只有一群人在一起的时候，才具有仪式感，才值得庆祝。

一个人在科隆群岛的除夕，想要有仪式感，却显得无力。挑完龙虾又挑了一条海鱼，是因为咱们中国人过年有吃一条整鱼的说法，讨一个年年有余的彩头。倒不是什么财迷，只是在这样的岛上，想要有仪式感，还能有的食物，也就是一条完整的海鱼了。

科隆群岛的旅游旺季，即使这样一条两旁都是餐厅店面的大排档，中间摆满了桌子凳子还是不够，看见有两个亚洲女生旁边有一个空位，走过去小心翼翼地问她们介不介意拼桌。两个日本女生非常热情，用不熟练的西语回答我，尽管坐下。

等待食物的时候，和她们一起聊天。其实走过了这么多的地方，在路途上很容易辨认日本女生。她们大多很独立，很多时候独自出游，或者两个女生一起，在路途中安静沉默。而这两个女生，用西语回答我，而不是英语。看上去并不像是来这里旅行的，像是长期在这里生活，或者是像我一样，一段时间，在拉丁美洲工作。

一问果不其然。两个女生在厄瓜多尔工作，在厄瓜多尔边境上两个不同的小镇上。她们一个是无国界医生，在边境的医院里工作；一个是日本政府援助项目派来厄瓜多尔的志愿老师，在边境一所非常简陋的学校里，教小孩子们数学。

我经常碰到在路上的女生，她们不是结伴旅行就是在这里上学，抑或是和我一样，在这片陌生遥远的土地上工作。不管从事的是什么工作，无论是外交官还是中资企业，或者是在当地企业，或者像我这样的媒体记者，即使我们的工作再有意义，也是拿薪水的工作。

而我面前的这两个日本女生，桌上一人一瓶啤酒。我们点的东西都还没来，我用汽水和她们碰杯，她们安静平和地告诉我她们的故事。

她们都是"35+"的年纪，做无国界医生的姑娘已婚，老公孩子都在日本。我问她为什么这个年纪还要出来做无国界医生，不是一家人在一起才更重要吗。她说年轻的时候，毕业工作结婚生子，一路狂奔，完成一件又一件人生必须完成的大事。她在日本就是一名医生，但是等到35岁生日到来那一天，她突然想起以前在医学院上学时候的理想，她说那时候在医学院觉得这个世界上救死扶伤大过天，而最牛的医生不是那些国际最著名的脑外科医生，而是那些在穷苦国家、战乱地区或者边境城市的无国界医生。他们才是在做医生这个职业最本质、最纯粹的工作。无国界医生，那是她少女时代的理想。

而现实是，她在厄瓜多尔亚马逊雨林的边境上，住在一户当地居民的家里，管食宿三餐，没有一分钱报酬。她给我看照片，居住条件可以说非常简陋。她在当地的诊所给居民们看病，而她报名参加这个项目，时间就是三年。我说我做驻外记者，这个如此热闹的工作，都觉得三年太长，你是如何在边境的雨林生活上三年的。

她说，她今年也就快要回去了，回想一下这三年，学西语、适应炎热的天气、简陋的居住环境、没有一分钱报酬，但是当这三年要结束的时候，感到一种少女时代梦想终于实现的圆满。她说她想她的老公和孩子，回去就会是一个全新的自己，会有更美满的生活。

而另一个比她年纪小一点的女生则是单身，是那种想要一路走一路看世界的女孩。调侃着当地孩子背不出九九乘法表，但是她说，每当看到这个世界上有这么多的人，都生活在全然不同的境遇下，形成不同的想法和观念，你就会觉得教育是如此重要，而我们又是如此幸运。

她说，当她窝在那个特别小的小镇上，在破旧的学校黑板上写字，教小孩子们算术时，她觉得世界如此之大。她说，你只有看得更多，经历更多，才能更珍惜自己所拥有的生活。也只有愿意付出全身心去帮助他人的时候，那种自我实现，是金钱或者说物质远远无法衡量的。

日本女生本身个头比较矮小，她们画着精致的妆容，看不出年纪。我们一同在一个小小的大排档桌子上，切龙虾吃鱼，碰杯，彼此分享生活。

我想起来我对自己生活特别不满意的时候，总是被自己局限在一个狭窄的思维里，始终想不明白，走不出来。觉得在自己的小世界里，仿佛小人儿受了天大的委屈一样。而每次在路上遇到这些并不算世俗标准里生活得多好的人们，却好像天使一样散发着光芒，他们的光芒足以安慰我，照亮我前进的道路。

吃完饭，我们彼此道别，互道珍重。甚至没有问彼此的名字。
因为在路上，遇见过，在同一个频率交流过，给过彼此启发和安慰，就足够了。

就是这样，我在科隆群岛的大排档上，迎接了2015年的农历新年。西经90度，南纬1度，我从来没有像这一天一样感激那些自由和远方。

PART - 11

Argentina

阿根廷冰川：
得到的一切已经是额外的奖赏

>>>

———

总是觉得无法被满足，
总是想要更好的，
在到达一个平台之后，
总是想能不能再上一个台阶，
这其实并没有错。
然而我们始终忘记偶尔回头看看。
1988年出生的女生，
走过了一整个拉丁美洲。
其实，得到的一切都已经是额外的奖赏。

1 在千年寒冰面前，
我们的焦虑是多么渺小

>

> 直到我们来到这个仿佛远古时期的冰川，
> 站在这千年寒冰的面前，
> 才发觉那些焦虑是多么渺小。

第一眼看到莫雷诺冰川的时候，我和琳达几乎失语。

阿根廷冰川，是琳达告别拉美的最后旅行。三年来，我们都未去过阿根廷冰川，后来变成了卸任 To do list 里的重要一项，而我们没有想到的是，短短三天的旅行，却成了她最完美的告别旅行。

从圣保罗飞到布宜诺斯艾利斯，然后转机才能到埃尔卡拉法特，我们在布市转机的时候，飞机晚点了很长时间。驻外记者一般都是独自出差，这是很长时间以来头一回晚点还有闺密一起聊天的。2015年2月，琳达快要卸任，三年了，她唯一的要求就是在过年前卸任，这样就可以回家过年。清晨的机场空空荡荡，阿根廷比巴西冷很多，买了热巧克力和难以下咽的面包，缩在机场咖啡厅的角落里，话题变成了卸任以及未来，而中心情绪则是焦虑和迷茫。

想起了刚来赴任的时候，很多朋友都问要去那么远的地方驻外，一去就是三年，会不会舍不得，小女孩会不会哭。和琳达说起这个事，我们都觉得比起卸任要面对的未来，来赴任的时候，觉得未来有那么多的可能性，为什么要哭。关于卸任回国要做什么的话题好像就在清晨的困顿和机场难喝的热巧克力中，不了了之。

埃尔卡拉法特是阿根廷南部的一个小镇，市里主要就一条街，遍布着旅行社和餐厅。来这里的游客都住在这个小镇的客栈里，从这里坐船去看千年寒冰。巴塔哥尼亚冰原是地球上除了南极大陆以外最大的一片冰雪覆盖的陆地，阿根廷冰川国家公园有近五十条发源于巴塔哥尼亚的冰川。第二天早上，我们坐轮船去阿根廷湖看散落在湖面上，或是从高处奔泻而下然后冻住的千年寒冰。

轮船开了半个小时，站在甲板上，能感到阵阵凉意。下意识地把羽绒服裹得紧一些。在平静湖面的远处，看到零零散散的蓝色冰块。等到轮船开近的时候，才发现原来湖面上漂浮的冰块竟然那么大，一些大的冰块比我们乘坐的轮船还要大。而颜色则是大自然里最纯净的冰蓝色，那样透明清澈，只有这种蓝色才能称为冰蓝色吧。船长说，这些湖面上的浮冰都是远处更大的冰川上崩塌掉落的，而后漂浮在这湖面上。

看不到尽头的阿根廷湖，湖面上到处都是散落的冰蓝色浮冰，形状各异，两旁的山大部分都被冰雪覆盖。从未想过自己会在2015年1月来到这样一个地方，好像周遭的一切都离尘世很远，好像那些关于卸任、关于未来、关于以后的话题都停留在之前的空间里。埃尔拉卡法特，这仿佛是一个比亚马逊雨林还要遥远的地方，因为在这里看来，好像人类还没有出现，好像世界文明还没有开始。

瞬间有一种一切都可以重新来过的感觉。

船越来越靠近莫雷诺冰川，而开到莫雷诺冰川面前的时候，船上所有人都集体惊呼，一整块巨大的冰从山上奔流而下，流到湖里的时候被冻住了。一整片冰蓝色，从山上奔涌而下，然后瞬间冻结在湖面上，冰块表面鳞次栉比，尖尖的横截面反射出太阳的光芒。冰川和湖面的交界处可以看到小块崩塌的浮冰。船上已经从惊呼变成了一片安静，只听见各类相机咔嚓咔嚓的声音。冰川的宽度有数公里，高度也有数十尺，它经过多年的推挤、滑动，缝隙间可以看到最纯净的深蓝色。

莫雷诺冰川长30公里，宽5公里，冰川前线奔泻到湖里的，突出水面高约70公尺，在水里的部分有将近100公尺。船长说，莫雷诺冰川是世界上已经少有的活冰川，每年以700公尺的速度向前推进，每天都有活冰崩塌。正当船长解说的时候，我们听到一声巨大的声响，这是冰崩塌的声音，轰隆一声，掉进了湖水里。这巨大的声音响彻在广阔的天地里，真真切切地感受到大自然的力量是人类无法企及的。

后来，当我再次翻看在阿根廷冰川的照片时，觉得没有任何一幅照片可以和肉眼看到的美相提并论。那种空无一人，一大片望不到尽头的冰川，湖水的冰蓝色世界带给你的震撼时刻，好像电影里远古时代的巨大震撼，只能停留在记忆里的那一刻。

这片冰蓝色的冰川已经在这里存在了千年。

两个焦虑的1988年出生的女生，在这样的千年寒冰脚下，终于明白了自己的愁有多么浅。

三年，拉丁美洲。驻外记者的工作，让我们走到了这么远的地方。琳达任期到了，就要回到中国。她说，走过了这么多的地方，那些开阔了的眼界和心胸，好像在卸任的节点上一切都被打回原形，担忧的还是未来。好像这三年并没有过，小女孩并没有长大，那些已经学会了的从容和淡定，在回国的巨大不安中，消失殆尽。直到我们来到这个仿佛远古时期的冰川，站在这千年寒冰的面前，才发觉那些焦虑是多么渺小。

总是觉得无法被满足，总是想要更好的，在到达一个平台之后，总是想能不能再上一个台阶，这其实并没有错。然而我们始终忘记偶尔回头看看。

1988 年出生的女生，走过了一整个拉丁美洲。

其实，得到的一切都已经是额外的奖赏。

2 这世上所有艰苦的旅程，
都只能自己一个人往前走

>

原来一段艰苦的旅程，
如何量力而行，要不要选择走这条路，
在一开始就是重要的抉择。
盲目跟风，盲目跟随大家一起往前跑，
想要看到最精彩的风景，这本身就是我们错了。

前一天坐船看冰川的时候，根本就无法想象，第二天我们将要在这个巨大的冰川上徒步。一直都以为冰川徒步是到另一个积雪覆盖的山上，没有想到，这个埃尔卡拉法特著名的旅游项目，竟就是在莫雷诺冰川上徒步。

这个徒步项目的名字很形象。就叫作 Big ice，大冰块。莫雷诺冰川从观景台上看，就像是一整块很难望到边际的大冰块。而从观景台上看冰川表面，是一个个尖尖的，甚至有些锋利的冰刀状。觉得怎么可能是在这个阿根廷最著名的冰川上徒步。向导带着我们，告诉我们先要爬上这座山，从山上的一个出口就能爬上莫雷诺冰川了，全团的人都听得激动不已。第一次冰川上的徒步，竟是在这著名的莫雷诺冰川上。

大冰块徒步对体能的要求很高，出发前一个华为的男生强烈推荐这个旅游项目，他说，没有参加大冰块徒步，就好像没有爬长城，远远地看了看长城一样遗憾。而这个项目也是最热门的旅游项目，1 月份是旺季，我们提前一个月就在网上订了这个徒步项目。到那儿也确实证实了，如果现场再订，根本不可能有空位。莫雷诺冰川被阿根廷政府严格保护起来，这样的大冰块徒步每天是严格控制人数的。且冰川上随时可能发生冰裂、冰塌，一不小心就会掉进冰川的缝隙里，一个向导最多只能带领五个人，这些都是严格规范的。

出发前华为男生告诉我，这个大冰块徒步需要在冰上行走 3 个小时，我当时想了想，3 个小时徒步并不是什么身体极限，哪怕在冰上行走需要普通陆地上两倍的体力，那也是可以接受的。网上预订的时候，旅行社发来大大小小的表格，要求确保各项身体指标，以及确认没有严重的身体疾病，我们还觉得很奇怪，3 个小时，是不是旅行社过于"安全"了。

等到一队人整装待发时才知道，爬上这座山就需要两个小时，整个大冰块徒步全程需要 7 个小时。我和琳达立马倒吸一口冷气，看着身旁人高马大的各色人种，并没有娇弱的亚洲女生，等到真的要开始爬山的时候，后悔已经来不及了，根本不用提什么拿着相机照相，我们气喘吁吁全速前进，才勉强跟上了队伍。在匆忙赶路中，琳达用手机给我拍了一张照，她说，我们风尘仆仆，好像是要攀登珠穆朗玛峰。

　　山路非常难走，不是积水的泥泞小道，就是很滑的沙子路，而且所有路都只够一个人行走，一整队的登山者排成一条线，大家各自往前走，没有人在乎身边的同伴有没有跟上。有一个我们俩觉得过不去的水塘，停了一小会儿，后面的同伴就示意我们靠边，说他们还要通过。开始我和琳达还觉得为什么这些西方人这么冷漠，丝毫都不会搭把手，而带领我们的领队也是一前一后，大声呼唤着队员们一定要跟上，除此之外，也并不拉我们一把。

　　上山的两个小时里，我们两个除了勇往直前，气喘吁吁，连说话的力气都没有，还没正式在冰上徒步，还没到达莫雷诺冰川已经体力透支到无法支撑了。再看看周围这些身强体壮的同伴，还很生气，心里琢磨着，这些人也太不绅士了。

　　我们终于勉强爬到了山坡上的中转站，一屁股坐在地上的我俩，根本没有听进去领队教我们穿冰爪鞋的注意事项。我们是全队最后两个到达中转站的，又是最后两个穿好冰爪鞋的。穿好鞋后，领队示意我们走两步适应适应，然后带领大家走上一个小山坡。

我的冰爪鞋被绑得紧紧的，按照领队示范的样子，用力踩在冰上，觉得虽有些不适，但是能够正常行走。正当我兴奋地准备跑上小山坡时，看到琳达正在费劲地行走，可能没有听清刚才领队说的行走要领，大叫不稳，不敢爬上这个小山坡。

我刚想下去拉她一把，没想到，领队非常严肃地教训她，可以说是怒斥。领队说，如果觉得不能走，那就绝对不能再走了，在这里等我们。我们正惊诧要抱怨领队非但不再教一下琳达，还让她别走了的时候，领队说，报名参加这个团的时候，大家对自己的身体素质情况应该有一个评估，这个项目的说明里写得很清楚，全程徒步需要极好的耐力和身体素质，如果自己没达标，那么就不应该硬参加，拖累其他队员。

听完，我们两个愣在那儿。我倒是一秒弄懂了，为什么刚才上山足足两个小时的路程，没有一个队员哪怕拉我们一把，原来大家非但不愿意帮我们，反而觉得我们拖累了大家。原来一段艰苦的旅程，如何量力而行，要不要选择走这条路，在一开始就是重要的抉择。盲目跟风，盲目跟随大家一起往前跑，想要看到最精彩的风景，这本身就是我们错了。不仅自己会很累，并且会拖累同行的人。

而更重要的是，原来这个世界上所有艰苦的旅程，都只能自己一个人往前走。

而正当我胡思乱想的时候，琳达发扬了不争馒头争口气的信念，神奇般掌握了要领，可以自如行走了。我们一队人终于走上了莫雷诺冰川开始了徒步之旅。

真正走上冰川时，才知道这绝美的风景必须经过那两个小时的痛苦才能看到。白茫茫的冰川，远处可以看到智利百内公园的雪山，而我们穿着冰爪鞋，踩着厚厚的冰，低头在冰川的缝隙里，可以看到脚下流动的水，那一抹深蓝色，比前一天看到的任何一块浮冰都蓝得彻底、清澈。那是这个世界上最干净的深蓝色。3个小时，我们跟着领队，在冰上行走，观察莫雷诺冰川千奇百怪的样貌特征，跳过一个冰沟，穿过一个冰穴，在白色和冰蓝色的世界里，觉得宇宙很大，莫雷诺冰川这个类似远古时代的地方，仿佛穿越到了最最古老的年代。那个年代里可能都没有人类，只有这安静的雪山和流动的冰川。

在这样的平行世界里，我们再次感受到，你想要看到最美的风景，就必须爬过艰难的山路，甚至受到同伴的冷眼，领队的无视，甚至是劝降，而最终当自己独立行走在冰川上，才能懂，这一路走来的艰辛和值得。

全队在极其寒冷的冰川上，羽绒服厚手套裹得严严实实的。大冰块徒步的最后，领队恭喜我们完成徒步，变出了一瓶威士忌。每个人都分到一点威士忌，大家一起干杯，我从来没有想到过人生会有这样神奇的体验。在接近世界尽头的南端，就着千年寒冰，和一堆陌生人还有琳达一起共饮一瓶威士忌。还是那句话，得到的一切都是额外的奖赏。

琳达的卸任之旅，如此完美。而有意思的是，喝完威士忌，看过风景后，我们依然要沿着崎岖的山路前行。琳达三年的驻站生活完美收官，而接下去的路，还要独自走下去。

每一个人都是这样。

PART - 12

Girls
on
the
road

>>>

———

在路上的诱惑在于，你永远不知道下一步会是什么，
前方等着你的又会是什么样的风景，
你会遇到什么样的人，和他们一起经历什么样的时光。
这也是为什么我身边的女生们，大多没有放弃，依旧在路上。

1 那个细碎经营着自己小日子的女生

>

在路上的女生，和工作无关，甚至和理想无关。

就是这样细碎经营着自己小日子的女生也一样光芒四射。

在路上拼命朝着一个目标往前跑，其实并不困难，

像 Aline 这样，

无论在哪里，都可以从零开始，

把自己生活过得有声有色才是功力。

Aline 是我来巴西后认识的第一个女生。

我刚来圣保罗的第一天，就是保利诺教授带我吃饭、参观足球博物馆的那天，他就和我介绍了 Aline。保利诺教授是这么说的："我认

识一个中国女孩,她在圣保罗大学读研究生,她特别聪明,人特别好,你应该要认识她。"

然后他给了我 Aline 的电话。我就是和 Aline 用最原始的发短信自我介绍,然后相约上海饭店一起吃饭,甚至需要走过去问,你好,你是 Aline 吗?

垂直的齐肩长发,一个高挑温柔的女生坐在我面前,讲话柔声细语的,恰到好处的礼貌,既不失礼也不过于生疏,一看就是个江南女生。我以前觉得去到一个新的地方,比如跨过大半个地球来到圣保罗,其中有一点好,就是新认识的朋友,既不知晓过去,将来也并不会有过多的交集。彼此没有过往,没有未来,这样反而聊天能更安心。但是面对一个这样有礼貌且一眼看着就投缘的姑娘,很自然地就聊起了过去和现在。

Aline 是圣保罗大学主修国际关系的在读研究生,住在圣保罗两年多了。她的故事简单而美好,本科毕业,和她青梅竹马的老公,当时的男朋友决定来圣保罗做外贸方面的生意,而她也就跟舒同学一起来了。我当时听完,觉得很不可思议,一直问她,就这样吗?

"就这么简单。他想来外面闯一闯,我们就一起来了。"她说这句话的时候,云淡风轻,甚至是天真无邪。
在我看来一切都这么"不靠谱",本科毕业,姑娘的人生才刚刚站在了起跑线上等待枪响，而我是坚定的工作主义者。之前在网上看到过一篇一个女上司写给新鲜人小女孩的一封信，里头写道："工作帮助一个女人学会怎样爱自己，然后你才能好好爱这个世界、爱别人以及被爱。"做了驻外记者以后，这一点体会得特别深，那些青春时代的爱情，年纪太小，眼界太窄，仿佛当时的那个世界里只有爱情，可遗憾的是，长大以后，世界很大很大，前面的路也很长很长。没有独自面对过世界，便是真的无法学会如何爱别人，也无法好好珍惜被爱。而 Aline 竟然真的就为了青春年少的男朋友，就为了这一个人，放弃了毕业后找工作实现理想，来到了这么陌生的一个国家，连葡萄牙语也不会，一切从零开始。

Aline 和舒同学是高中同学，有一次在 Aline 家吃火锅，在昏暗的灯光下，大伙儿起哄让她讲讲和舒同学的故事。而 Aline 只用了一个画面来描述她和舒同学的爱情。

高三那年，她和舒同学恋爱，没有告诉家里人。家里人对 Aline 的学习、高考，寄予厚望。某一天傍晚放学下大雨，Aline 的爸爸给她送伞，在路上撞上了一同回家的 Aline 和舒同学。然后，就是 80 后会面临的共同问题，爸妈觉得谈恋爱影响学习云云，她爸爸非常生气，当下就要用手里的伞打他们。那时候十七岁的舒同学挡在了 Aline 面前，说叔叔你要打就打我。

大伙儿听完哄堂大笑。这青梅竹马的爱情并不稀奇。而难能可贵的是，后来，他们经历了大学在两个城市异地四年，再后来，Aline 义无反顾地和他一起来到了巴西。Aline 说，从那一挡开始，她认定这个男人一辈子都会挡在她面前。

而即使认定，即便真爱，放弃一切，义无反顾跟一个男人走的桥段，在文学里也许很浪漫，现实里我替她揪心。我认识很多中资企业的朋友，大部分都是男生。他们的老婆很多都放弃工作来随任。见过那些姑娘，一起吃过饭，总觉得有哪里不对。这些姑娘们大多在家里无所事事，全职主妇，不是每天在家做饭等老公回家，就是出门逛街，一掷千金地买衣服买宝石，不会说葡萄牙语。时间长了，那些姑娘们大多不注重打扮，虽不至于蓬头垢面，但却和精致优雅相去甚远。

作为一个爱工作的女生，照理说我和这样的家属女生们应该不会成为多好的朋友。一个很实际，没有浪漫主义想法，甚至不惜和大学男友分手也要来驻外的女记者，和一个愿意放弃一切跟一个男人四海为家的姑娘，应该是两条平行线。而 Aline 就是这样一个有魅力，让你不得不被她吸引的姑娘。

来到巴西之后，她苦读语言，很快学会了葡萄牙语。通过各种争取和朋友介绍，她开始在圣保罗的孔子学院教中文。她有了自己的朋友圈，而且不仅仅是中国人圈子，她在孔子学院认识了保利诺教授，后来认识了更多的朋友。我以为，这样已经足以让她从随任家属转变到在圣保罗拥有自己的生活，从此岁月静好了，但是对自己要求高的女生永远在路上。在孔子学院教中文期间，她一边申请圣保罗大学的研究生。起初听到的时候，我都惊讶，作为本科学了四年葡萄牙语的女生，觉得在巴西读研尚且也会有困难，而 Aline 一个学了不到一年葡萄牙语且不是系统学习的姑娘，要在这里用葡语读文科，读需要看大量葡语书籍的国际关系的研究生。

当然，结局是我所有的担心顾虑都是不需要的，她全额奖学金考上巴西最好的大学圣保罗大学国际关系的研究生，辞了孔子学院的工作，专心读研。后来我们看到的 Aline，就是长发飘飘，在圣保罗的暖阳里，抱着厚厚的阅读材料，走在大学校园里，这样美好的画面。我们在圣保罗一起厮混的小伙伴们，大多是某中国民族品牌的财务总监销售总监们，Aline 相对比较空闲，总是把大伙儿组织在一起，吃喝玩乐，还成立了周末青年党。

驻外记者的工作需要常常出差，有一回一两个月没有参加青年党的聚餐，再回来的时候，给 Aline 打电话约吃饭，她柔声细语地说："那我们约晚上吧，我下午钢琴课完事了去找你。"

在路上的女生，和工作无关，甚至和理想无关。就是这样细碎经营着自己小日子的女生也一样光芒四射。而我常常觉得，在路上拼命朝着一个目标往前跑，其实并不困难，像 Aline 这样，无论在哪里，都可以从零开始，把自己生活过得有声有色才是功力。

而且，这么笃信爱情。

2 那个去了南极的姑娘

>

在路上的女生，独自旅行，
不是为了看尽这个世界的奇珍异宝，
而是想要亲身感受自己小小的个体和这个世界的连接。

这个世界上有一个神奇的公司叫作华为，这是一个无论我出差去到哪里，都可以找到人了解当地情况、一起吃饭玩耍、寻求帮助的公司。华为的人曾经打趣说，除非你要到月亮上出差，不然都可以找到我们的人。包括过年的时候，在陌生的地方，他们直接向你敞开饭桌，跟你一起吃年夜饭。

这个神奇的公司里还有一个神奇的群体叫作华为女生。她们是能讲究、能将就的典范，她们拖着旅行箱在全世界出差，西装革履妆容精致，她们也在深夜穿着睡衣在宿舍里和总部电话会议，睡眼惺忪自嘲是女屌丝。Lilia 就是这个神奇群体里的一个。

和 Lilia 认识是有一次在巴西利亚出差，在酒店里身体不适，正好和一个在圣保罗认识的华为朋友微信上说话，他立刻说他们在巴西利亚有人，要不要给我拿点药。我还没来得及说不用，自己扛着吧，Lilia 的短信就来了。当然，驻外女记者已经习惯病来人挡，不习惯麻烦别人，更何况是一个没有见过的姑娘。第二天，约了姑娘吃饭，想要感谢她。

Lilia 是腼腆的上海姑娘，见她之前很难把上海女生和华为女联系在一起。娇滴滴的上海女生别说来这么远的巴西了，就是去华为这样成天熬夜加班的公司也似乎是不可能的。一个小小的女生，白皙的皮肤，说话的时候眼神很萌。初次见 Lilia，聊的是旅行。当时是 2013 年，我驻外还没满一年，而 Lilia 已经在巴西以及南美混迹两年多了。这个土生土长的上海女生，上外毕业后，就独自去了深圳，没过多久就被派来了巴西。

华为的工作并不是色彩艳丽的生活，大部分的员工都群居在宿舍，没有自己的公寓。去过一次 Lilia 的小房间，这个姑娘行李很少，好像四五年的南美生活只需要两个箱子，而其实更多的时候，她就是背着包，拖着一个小箱子，一个人在南美的土地上，独自旅行。

当我听说 Lilia 去过南极的时候，简直是一脸崇拜兴奋，而说起南极旅行的时候，我们正在巴西利亚一家韩国餐厅吃饭。我非常激动地想要听她振奋人心的南极行的时候，Lilia 正在翻菜单，漫不经心地回答我关于南极的各种浅薄问题。我说，Come on，亲爱的，你可是去过南极，她突然激动地给我指菜单上的新菜，说这家餐厅有鹌鹑。仿佛连眼前这家餐厅的鹌鹑都要比她的南极之行有趣。

她说，南极真的没什么，好多人都是声称想要去南极，不过就是给自己的旅行清单上又打了个钩，而只是因为这是大部分人很难到达的地方，所以显得神秘。去南极之前，你先要弄清楚，你为什么要去。

在纠结了到底点几份鹌鹑以后，Lilia 慢悠悠地说出了以上一番话。大有一盆冷水浇灭我想要去南极以及崇拜她居然去了南极的心。而且她总是这样，问她巴西哪里比较好玩，她支支吾吾推荐不出来，问她拉美地区秘鲁、智利、阿根廷最喜欢哪里，她又想半天摇摇头，有时候突然要去一个陌生的国家出差，问她有什么旅游推荐，她依旧是一脸为难。其实，她自己一个人，两三年的时间，拉美的土地都游了个遍。她和那些动不动就滔滔不绝要向别人兜售攻略的"旅行达人"真是有太大的不同了。

每次问她怎么就推荐不出来呢，你自己都怎么旅行的。她总是用各种理由搪塞我，而有一回，她终于给了些不像是敷衍的理由。

"这些年，一个人走过很多地方。可是却很难说那些去过的地方究竟哪些是好玩的，值得推荐的。因为旅途、风景都掺和了自己的情感，以及那些相遇的人都会带来不同的经历。所以，感受与回忆无法复制也无法重来，你默默藏在心里就好，别人是无法懂得的。"

那一个时刻，我突然理解了这个姑娘。也许资深的旅行者都是这样。不急着拍照发朋友圈，不急着向周围人炫耀自己又去了哪里，不急着分享旅行心得，不急着在网上写旅游攻略，甚至在朋友问他们旅行攻略的时候都宁愿不评论，要让你自己去发现陌生国度的好。因为，"那些感受与回忆无法复制也无法重来"。

就像很多朋友问我，拉美哪里最美。我的答案是牙买加。其实这并不是一个客观的回答，甚至是一个很不客观的回答。去过很多加勒比国家，看过加勒比海的很多面，为什么最喜欢牙买加，是因为，就是在那里，在那个 25 岁生日以后，我终于放下了过去的执念，觉得世界很大，有那么多的美景要看，真的不必和过去太较真。

所以，Lilia 说对了，即使现在网络上充斥着多少旅行攻略，独家锦囊，旅行终究是很个人的一件事。那些路上的风景，那些大海和山川，那些在路上的时光，都是自己个体生命和那些地方之间的联系。

如果真的是这样，那么又如何将这样的联结推荐给别人。

每次让 Lilia 推荐的时候，她都会说，你心里就没有非常想去的地方吗。很多时候，我们和旅途的联结不是来自他人的言语，而可能就是一张照片，一部纪录片，一篇散文，你便对那个地方一见钟情，然后付出一切都想去到那里，不是吗？

后来和 Lilia 变成了很好的朋友。关于旅行攻略的话题是再也没有提。却是常常旅行回来会和她分享路途上的所见。有时候，一家餐厅、一道甜品，也帮她回忆起来她自己的旅行，只有在这个时候，她才会给你讲她长长的旅行故事。

而她关于南极的感受，我是从她博客上才看到的。

"有一句关于南极的古老格言：除了照片，不带走任何东西；除了脚印，不留下任何痕迹。我想我带走的除了照片还有无尽的回忆，而留下的除了脚印了还有一片对南极满怀思念的灵魂。想起初中时，书法老师送给我的一幅字：鲲鹏展翅九万里。今日回首觉得老师真的有预见性，如今的自己真的展翅高飞，离开家去了地球的另一边。《庄子》有云：背负青天，然后图南，且适南冥也。而自己终有这么一天真的到达了世界的极南。"

在路上的女生，独自旅行，不是为了看尽这个世界的奇珍异宝，而是想要亲身感受自己小小的个体和这个世界的连接。

3 既然选择了，就继续往前走

>

也许曾经我们为了某一个人而开始努力奋斗，
也许最终梦想实现的时候，他们却已经离我们远去了，
但是，在路上的女生，
只要自己内心强大能够坚持继续往前走，
就一定会看到不一样的风景，遇到不一样的人。

Jessie 是我大学时代最好的朋友。

四年大学时光，我们在定福庄大学一起吃喝玩乐、一起分享八卦，
一起努力学习，一起谈恋爱分手，一起说心事，一起哭一起笑，好像

大学四年永远都不会过完一样。

　　大学时代，她的男朋友是数学系的某雄哥哥，五道口到定福庄，再后来德国到美国，再远的距离他俩都在一起。我清晰地记得，大四那年的某一天，我们一起坐在 Jessie 宿舍的床上，她羞涩地给我看某雄哥哥写给她的信。这个不怎么活泼，也不怎么浪漫的数学系男生写得坦诚而直接，字里行间是满满的真心。两个小女生一起在宿舍里读她男朋友写给她的信，看着她一脸甜蜜，这样的画面，也真的只有大学里才有。

　　我记得那是某雄哥哥第一次送她礼物，她拿给我看的时候，我真是惊讶于这个理工科男生居然有这么深刻且浪漫的想法，那是一个北京马拉松完赛的奖牌。Jessie 说他参加了好几次北京马拉松，这是他第一次跑进了可以拿到奖牌的成绩。某雄哥哥在信里说，这是他大学期间一直想要实现的目标，拿到一块马拉松的奖牌，他为之努力终于实现了，他非常珍惜这块奖牌，现在他要把它送她，因为她才是他最珍惜的人。

　　我以为他俩之间的爱情会永远和那个我们看信的傍晚一样甜蜜。后来大学毕业，Jessie 去了德国读研究生，而某雄哥哥拿到了美国名校硕博连读的 offer。他们说好，两年研究生读完，Jessie 就去美国，和他在一起。这两年期间，只要放假，不是她飞去美国，就是某雄哥哥到德国陪她一起过圣诞节，甜蜜恩爱如旧。毕业后的两年，我在北京工作，时不时和 Jessie 在 QQ 上聊天，听着她和某雄哥哥甜蜜的爱情故事。她在忙着德国读研的同时，还在准备着托福和 GRE，她说她打算去美国再读一个硕士，因为不愿意就当全职主妇陪读。我看着一个本科四年学德语的女生在啃 GRE 单词，只能想到四个字，因为爱情。

再后来我决定去巴西做驻外记者，走之前 Jessie 正好回国，2012 年 4 月，我们一起在北京相聚。在东直门的一个港式茶餐厅里，她告诉我，她拿到了美国大学的 offer，和他在同一个城市，而且他们决定领证了，就是下月。后来的 5 月，我忙着办理签证，忙着收拾东西，忙着暂时和国内的一切告别，愣是没想起来问她领证怎么样了。直到我在巴西安顿下来的两个月以后，才听她说，他们分手了。一些狗血的剧情，父母的干涉，某雄哥哥的退缩，演变到后来互相撕扯，被嫌弃，被伤害，我听得心惊肉跳，原来在我刚刚适应巴西生活的同时，闺密竟经历了如此狗血的一切。一个那么完美的爱情，消失殆尽，她输得如此体无完肤。

我听完，就问了她一个问题，"所以，你还去美国吗"。

她为了他，在德国写研究生论文，准备毕业答辩的同时，复习着托福和 GRE，无数个夜晚埋头苦读，最后终于拿到美国大学的 offer，而且和他在一个城市。她去美国全部的理由只有他。现在他们分手了，她还要去那个有他的美国城市继续读书吗？

我觉得这些都太残忍，为什么好好一段爱情会这样收场。最后她决定去，几乎没有什么犹豫。这个天蝎座女生的强大内心无人能及，我曾经换位想，如果是我，会不会有勇气去。答案是否定的。

她临行前，我给她写了一封邮件，内容很长，我只记得我写了这么一句话，不管过去是怎么样，未来会遇到更好的人，会有更好的生活。

她初到美国的时候，路上遇到前任等等又是一通狗血。当时25岁的女生在异国他乡承受了太多的痛苦和辛酸。2012年底，我邀请她来巴西过圣诞节，想让她换换环境，闺密相聚一起吃喝玩乐。她住在我圣保罗的公寓里，我们彻夜聊天。帮她找了朋友接待她，她去了亚马逊去了里约热内卢。我感觉到经过这次伤痛，这个女生变得不一样了，我以前一直说再读个学位到底有什么用，两个研究生学位，你未来究竟想在哪里找工作，到底想要找什么样的工作。

而她从一个追随着某雄哥哥，为了爱情，一路向前跑的女生，开始思考没有他的未来。幸运的是，她说，当这一切伤痛过去，她开始正常上学、社交、旅行的时候，她发现她自己喜欢上了美国，喜欢在美国的生活。她决定努力留下来，想要未来在美国生活。

之前看过一段话，每一个女孩的成长都要从一场痛哭开始。后来，这个天蝎座女生找到了自己的方向，曾经某雄哥哥是她去美国的全部理由，而两年以后，她找到了属于自己的理由。她研究生的方向是跨文化传播，毕业以后，她成功在一所公立学校任教，她兴奋地和我说，她终于在做自己喜欢的工作，和在北京盲目地给奔驰打工不一样。而就在她从巴西回去不多久，她遇到了比她小两岁的 ABC 男生Robbin。

这个美国男生约会会提前订餐厅，下雪天车在路上抛锚，会自己掀开车盖修理，会帮她分担家务。他会说一点点中文，常常把她逗得大笑，看到形状不一样的饼干，会说，这些三心二意的饼干都不知道自己要干什么。

就在我快要卸任的末尾，去古巴出差的途中，在机场收到 Jessie 的微信，说 Robbin 向她求婚了，and she said yes。

也许曾经我们为了某一个人而开始努力奋斗，也许最终梦想实现的时候，他们却已经离我们远去了，但是，在路上的女生，只要自己内心强大能够坚持继续往前走，就一定会看到不一样的风景，遇到不一样的人。

后来，Jessie 说，其实她特别感谢某雄哥哥，如果当时没有他，她一定不会这么用力地考 GRE，也许永远也不会到美国来。所以，不论我们当时为什么出发，都要有勇气把自己选的路坚定地走下去。

4 在路上的女生不分胜负

>

原来，
每一个女孩都是想要在这个世界上靠自己的本事，
做一些事情的。
哪怕不是工作，不是事业，无关于理想，
就是简简单单凭自己的努力干成了一件事，
证明我们在这个世界上没有白活。

　　毛毛是我高中最要好的闺密。写下这句话的时候，我在电脑前傻笑，好像我身边关系要好的姑娘都依然在路上。这也许是物以类聚，人以群分的结果吧。但是，我从来没有想过，像毛毛这样的萌妹子女生，在 26 岁的年龄，也依然在路上，并且还自己当了老板。

高中的时候，毛毛是班上最萌的开心果。洋娃娃的长相，南方女孩特有的嗲嗲的声音，撒娇卖萌是"天性"。班上的男生女生都把她当小朋友看待，在老师眼中也是乖乖女。整个高中时代，从军训开始，我俩就形影不离。我们绕着十中的操场不知道走过多少回，聊作业、聊考试、聊八卦、聊足球。

那个时候，毛毛像是永远长不大的孩子，那些在操场绕圈走路时的话题，比如作业考试，她从不主动提起，仿佛要高考的现实世界只和我有关，而在她的世界里，满满的都是童话，没有忧愁、没有嫉妒、没有压力、没有竞争……有时我真的看不懂她的世界。

明明两个看上去完全不同类型的女生居然就真的做了三年好朋友，后来某一天在圣保罗，又收到毛毛的微信，她说，我们居然已经认识十年了。而她的坐标在澳大利亚。

我曾经以为她就是那种从小被爸妈捧在掌心里，长大以后被男朋友、老公继续当孩子宠爱的小公主，以后的人生就会沿着这样的康庄大道无忧无虑地生活下去。从来没觉得这样的公主女生会选择一条很艰难的移民道路。

2008 年她去了澳洲，那时起我们所有的见面几乎都在网上，从先前的"扣扣"视频到现在的"脸时间"。她说刚到澳洲的那个晚上哭了，想到要离家很久，哭得很伤心。可只有那么一次，那之后，便擦干眼泪，想方设法要提前毕业回国。然后她真的做到了。第一个学期结束，身边同学都在国内享受澳洲漫长三个月暑假的时候，她留在墨尔本读 summer school。2009 年初的墨尔本，每天 40 多摄氏度的超高温，我光是想象她每天撑伞在太阳底下走半小时去学校，都觉得快晕了，可她说一想到可以提前回家，什么都值得了。年中，清楚地记得她刚考完试，马上就飞去法国过澳洲学校的寒假，问她为什么，她满脸欢喜地说，这是一门课，既能玩，又可以提前毕业，学校还发补贴，何乐而不为呢？

也许正是这么紧锣密鼓的学习安排，毛毛渐渐习惯了留学生活。她欢乐地来找我说，她毕业了，提前了整整半年，当年哭过之后精心设计的课表果真有用，顺利完成了两个 major 的科目。

本科毕业，她决定在澳洲继续读研，居然要硬着头皮选 business and IT。一度我只听到了 IT，文科女生去澳洲读 IT 的研究生，差点把电话摔坏。当年的文科生，确定现在学编程真的没有问题？她说，当然有问题，问题大呢，不过她已经研究过课程了，这专业涉及的 IT 技术知识没有那么多，只要过了编程课，什么都好说，不试试又怎么知道。我说，你这不折腾吗，她说，什么事折腾折腾就过去了。

"折腾折腾就过去了。"

过后许久的日子里，我依旧抽空和毛毛说说话，跟她抱怨抱怨工作出差很辛苦，她也跟我抱怨那些"天杀的"IT 课有多麻烦。可她这句"折腾折腾就过去了"，渐渐也就变成了我们互相安慰的口头禅。

她毕业了。后来才知道她选这个专业，是因为这是澳洲长长的移民 list 里的一个。她研读了那个 list 里所有更便于移民的专业，最后选了这个，顺利毕业。当我不停地问她以后有何打算时，这个公主又默默读完了移民规定的翻译课程，找了一份助理工作，辞去助理工作，一门心思完成移民的职业课程，然后发疯一样地考到雅思高分终于满足了移民所需的分数。

对于毛毛那一两年如此疯狂的折腾和执着，我百思不得其解。公主毛毛家境良好，生活无忧无虑，移民对她来说，在我浅薄的认知里，一点用处都没有。我真心诚意地问了她一个问题，所以，为什么非要移民？

萌妹子用她嗲嗲的口气，漫不经心地说，高中毕业考大学是有史以来考得最差的一次，然后来了澳洲读书，就算拿了个名校文凭，也无非是烧了爸妈的钱。这几年她不断回忆了自己过去二十几年的生活，想想自己除了花钱，啥都不会，没用。

我惊讶地半天没出声。很难想象，一个从小到大的公主是这么残酷且简短地评价自己的。她得做了多么透彻的自我剖析和反省，有多么痛彻心扉的领悟，才能把如此的自我评价说给别人听。如此坦诚。

毛毛顺利地拿到了绿卡。在她看来，那是她过去二十多年，唯一"出了口恶气"的事，她觉得她终于有些出息了。她收到移民局来信的那天，我发了一个微博@她。"那些我们真正想要的东西，都需要坚持不懈的努力，还有时间。"

原来，每一个女孩都是想要在这个世界上靠自己的本事，做一些事情的。哪怕不是工作，不是事业，无关于理想，就是简简单单凭自己的努力干成了一件事，证明我们在这个世界上没有白活。

就在我以为公主"体验自力更生"可以告一个段落，她可以变回那个娇滴滴的萌妹子的时候，她说她决定在澳洲创业。她半开玩笑道，现在不折腾，难道等到七老八十，再开始梦想吗？当某一天，她给我发了一张店面正在装修，她在店里指挥装修师傅的图时；某一天，又发了一张她做的松饼和咖啡拉花图时，我明白了，在路上的女生，和绿卡无关，和 location 无关，和创业无关，都是为了自己心底小小的愿望，默默地努力着。

　　而创业根本就没有成功和失败，在路上的女生也不分胜负。

5 可以出发，也可以回家

>

> 这才是在路上女生的最高境界。
> 不必装出一副坚忍、无所畏惧的姿态，
> 永远朝前走，
> 因为在路上的目的是找到自己，
> 而不是找到某个地方。
> 可以出发，也可以回家，也可以再出发。

"涩意"是苏州话，大概意思就是舒服，自在。

"孙家的姑娘不折腾不涩意"这话是我对豆豆说的。豆豆大名叫孙晴绮，是我最亲爱的堂姐，长得娇小美丽，是个活脱脱的苏州姑娘。

她有苏州姑娘特有的淡定，好像就是从那幽静的水巷里走来，打着油纸伞的姑娘，从容不迫。这一点，我好像没有遗传到任何基因。我们从小一起上幼儿园、小学、初中、高中、大学。对，很残酷的是，我们也一起中考、高考。

高中毕业，我去了心心念念的北京，而豆豆决定考托福，去美国。用豆豆的话说，为什么要去美国，没有太大的理想抱负，原因特别简单。以前觉得美国特别遥远，长大后发现世界突然变小了，美国近在咫尺，只需要在一张纸上勾几个ABCD，写几段英文字母，在外国人面前张嘴回答几个问题，也就是考完那个叫"托福"的试便可以去了。她说，大学在哪里念都是念，既然没有顶尖的数理化成绩足以上北大复旦，不如去个远的，看看外面的世界。后来，豆豆就去了美国。

每个人心里都有一个美利坚，和所有的留学生一样，从最初的困难到融入到喜欢，都是一条痛并快乐着的路。最初的时光，她在人群里对着不爱看的美式喜剧强颜欢笑，把自己打扮得像个怪物去参加万圣节Party，对着美国人最爱而她闻到了就想胃里翻转的Blue Cheese说Yummy。豆豆说，如果人所需要的所谓简单快乐可以像她家狗狗一样，每天的期盼就是主人回来给它吃的那根磨牙棒，该是多么容易做到。然而，人要的简单快乐从来都是要经过努力，经过洗礼，站在强大的自己之上以后才能做到的。

大学的时候，有一年，我在巴西做交换生，我们两个在同一时区，经常在 MSN 上聊天，聊天的内容，从最初的生活困难变成了后来发来的大批美照和她绘声绘色的描述。

北美四五月遍地的郁金香，草地无限柔软，阳光从树叶的罅隙中探出来，松鼠在树边雀跃。Dave 家的感恩节晚餐，一只超大的炸火鸡和一只烤火鸡，大伙儿围坐长桌，感恩此刻在一起，不念过去不问未来。Downtown Chicago 的夜色，Union Station 的火车声，Melting Pot 小餐馆里的笑声，永不厌倦的火鸡话题，坐在 20 年历史的 BMW 后座上的微微眩晕。

而那些高强度的本科课程学习，也慢慢地变得美好起来。她在博客里这样写道她的大学生活。

"Barsema Hall（商学院）负一楼的 Cafe 里西装笔挺的未来的商界精英们，手拿热狗面包，谈论着纳斯达克指数。图书馆里昏暗的灯光，那些查资料写论文准备 presentation 的暗无天日的日子和窗外足以维持半年不化的雪景。还有棕榈色长波浪卷发，鲜艳红唇，气质爆棚的娜塔莉教授和永远戴着印满美金的领带、每次都用'爬'这个动作上大讲台的胖胖的金融学教授 Dr. 某某。一群小伙伴自驾去东海岸沿途的风景和笑声，超速驾驶被警察勒令停车的惊魂一刻，曼哈顿永不灭的灯火，时代广场红色台阶上的排排坐的我们那些心照不宣的快乐。"

以第一名的成绩本科毕业，保送研究生。就当我以为，她会继续她的美利坚生涯，我以为她爱着那里的生活和那里的一切。她又做出了一个所有人都惊讶的决定。从美国本科毕业，有着更好研究生offer的她决定回到中国，而且回到苏州。

豆豆说，四年美国的本科生涯，最重要的是让她不再过分执着于那些在以后看来都算不了什么的得失。"爱恨情愁都不必太用力，青春、年华，自足圆满，无须证明，像个吸饱了水的海绵。"

没有深思熟虑，没有彻夜辗转，她安心地回到了那个叫"家乡"的地方，她说就是个随性的决定。东晋王子猷居山阴，一雪夜突然动了访友之兴，便连夜乘船百转千回整夜不眠地奔赴友人处，到了友人家门口却未进去，又折返。有人问他缘由。他说："吾本乘兴而行，兴尽而反，何必见戴！"这话于她，太过贴切。

她无比喜欢苏州，那个我们出生长大的地方，她一直觉得苏州是一个她可以安心结婚生子，长长久久恬静安稳地生活下去，偶尔迷路也不急着拐弯的地方。那是一个太过于熟悉的城市，生活可以像张小娴笔下描述的一般安然地继续下去。

"婴儿一样的生活，睡觉、吃东西、喝牛奶、被人抱着、被人迁就，不用担心体重、不用工作，可以随时随地大笑和大哭，没有忧伤、没有牵挂。"

看到豆豆回到苏州，没有心高气傲，没有不甘心，四年在路上的经历，不必提起，不必吹嘘，已经和她浑然一体。我一直觉得这才是在路上女生的最高境界。不必装出一副坚忍、无所畏惧的姿态，永远朝前走，因为在路上的目的是找到自己，而不是找到某个地方。可以出发，也可以回家，也可以再出发。

　　而事实是，我一点也没有想错，豆豆回国四年以后，有一个去新加坡工作的机会，28 岁的女生，决定再一次出发。等待她的是全新的新加坡生活，在一个世界 500 强的外企。

　　在路上的诱惑在于，你永远不知道下一步会是什么，前方等着你的又会是什么样的风景，你会遇到什么样的人，和他们一起经历什么样的时光。这也是为什么我身边的女生们，大多没有放弃，依旧在路上。

后记
姑娘，你不要一次把好东西吃完

>>>

要不要回国？

这本来是一个不需要思考的问题。驻外记者的任期是三年，三年到任后，可以选择续任，可以换到一个新的站，也可以卸任回国。当初来驻站的时候，觉得三年特别长，也觉得二十几岁珍贵，几个数学题算晕后，竟觉得 24 岁时出发的最后时间，焦虑得一定要在 27 岁赶回去，这样才有可能在 30 岁前完成嫁人大业。三年以后回国，这本是计划之中的事。

三年里，一个人几乎走遍了整个拉丁美洲。亚马逊的星空，马丘比丘的烈日，的的喀喀湖里的倒影，牙买加混着酒精的雷鬼乐，还有那些一路上遇到的各种各样有趣的人。它们都闪着光，在我二十几岁的道路上显得格外耀眼。有一次看到一篇文章，讨论人为什么爱着这个世界。琳达说，驻外的时间里，走过的路，看过的风景，还有那些遇到过、交谈过或是擦肩而过的人，那些都是永远在灰暗人生中闪耀的瞬间。驻外记者，特别是驻遥远的拉丁美洲，真实放大了这个世间的美好。我从来没有像这三年一样，爱着这个世界。

如果三年以后，要核算得失的话，在世俗看来，得到的或许多过失去的，且时间不等人，有些失去无法挽回。分了手，失了恋，我曾经和大多数人一样，觉得这也许就是驻外的代价，是需要勇敢承担的成本。而当二十几岁的姑娘，不再狭隘得只活在自己小小的天地，或是仅仅活在社会认可的标准里之后，突然觉得这个世界是如此之大，活法是如此之多，当小小的人儿，站在世界的天地间，那些二十几岁姑娘焦虑的事显得那么苍白和浅薄。那些中途离我们而去的人，其实也根本算不上什么代价。

在牙买加，对着加勒比海对自己说生日快乐的时候，回想起自己一路走来的时光，那些曾经的悲伤，无法释怀的痛楚，其实都在于自己的力量还不够。出发之前，那个傻傻算着几个数学题，想把一切都握在手里，什么都想要，害怕失去的姑娘，终其原因，也是自己的力量还不够。

章子怡嫁给汪峰，一度让媒体和普通大众哗然。为什么最终她选了这个离过多次婚，看着似乎配不上她的男人？而我却在想，一个美貌和财富都拥有的姑娘，她可以嫁给任何人，不用算计得失，不需要小心翼翼地去求一个不会变化的未来。

二十几岁，拥有一切美好的可能性，年轻的身体、清澈的眼神和想要拥抱一切未知的心，还有依然追求自由的灵魂。工作、恋爱、结婚、生子，都不应该成为这个美好年纪的束缚。过了卖萌的年纪，我们唯一应该"焦虑"的是，如何囤积实力，而不是被限制在条条框框里迷茫得失去方向。

我们越有力量，才能够更自由。

所以，既然最初那些二十几岁姑娘焦虑的事已经不再重要，既然心里已经有了一个更大的世界，既然驻外记者这份浪漫的职业像毒品一样令人上瘾，那么要不要回国？

我想到了第一次喝到亚马逊鲜美鱼汤的清晨，想再喝一碗鱼汤时，费尔南多对我说，姑娘，你不要一次把好东西都吃完。是啊，这个世界这么大，美好的东西如此之多，驻外记者这份工作就像一碗好喝的鱼汤一样，是不是因为它美味，我就要一直喝一直喝，直到把它们都喝完，或者说，喝到它变得不那么好喝的那一天。

决定回到北京，已经不是那个算着多少岁要结婚生子的傻姑娘的决定，而是觉得可以出发，也可以回家，不是必须在路上才能体现价值，对美好的风景，浪漫的工作也不再恋恋不舍，不再想把所有的好东西都抓在自己手里。

在机场和生活了三年的巴西告别，在机场发了个朋友圈，"决定向前走，便不要再回头。做没有做过的事，爱没有爱过的人。再见，拉丁美洲"。